Bibliografische Information der Deutschen Nationalbibliothek:
Die Deutsche Nationalbibliothek verzeichnet diese Publikation in der Deutschen Nationalbibliografie; detaillierte bibliografische Daten sind im Internet über http://dnb.d-nb.de abrufbar.

Impressum:
Copyright © 2014 ScienceFactory
Ein Imprint der GRIN Verlags GmbH
Druck und Bindung: Books on Demand GmbH, Norderstedt, Germany
Coverbild: Pierre Mignard [Public domain], via Wikimedia Commons

Molière und sein dramatisches Werk.

Analysen ausgewählter Werke

Thomas Heim: La Cour et la Ville. Zur Publikumsstruktur bei Molières Komödienaufführungen 7
   La cour et la ville: Bezeichnungen für das Publikum im 17. Jahrhundert 8
   Die Publikumsstruktur bei Molières Komödienaufführungen 9
   Zusammenfassung der Ergebnisse 29
   Bibliographie 30

Hannah-Kristin Elenschneider: Die komische Konfliktsituation in: Molière «Le Misanthrope ou l'Atrabilaire amoureux» (1666) 33
   Einleitung 34
   Grundzüge der klassischen Komödientheorie 35
   Molière: Le Misanthrope ou l'Atrabilaire amoureux (1666) 37
   Einführung der komischen Konfliktsituation in Le Misanthrope 40
   Auflösung der komischen Konfliktsituation 48
   Schluss 51
   Literaturverzeichnis 52

Frank Lorenz: Molière „Le Misanthrope". Die Frauenfiguren. 53
   Einleitung 54
   Die drei Frauenfiguren des Misanthrope 55
   Die Gesellschaft des 17. Jahrhunderts 59
   Die Frauen in der Gesellschaft ihrer Zeit 61
   Schlussworte 64
   Bibliographie 65

Selin Sahin: „Dom Juan ou Le festin du pierre" von Molière 67
   Einleitung 68
   Die Komödie in der französischen Klassik 70
   Der Don-Juan-Mythos und seine Umsetzung bei Molière 71
   „Dom Juan ou Le festin du pierre" von Molière 73
   Tartuffe und Dom Juan 79
   Schluss 80
   Bibliographie 81

Maria Lang: Die "Aulularia" des Plautus als Vorlage von Molières "L'Avare"..83
Einleitung ...84
Inhalt der beiden Theaterstücke ...85
Kurzer, allgemeiner Vergleich der beiden Theaterstücke ...89
Der Geizige und sein Gold ...91
Schlussbemerkung ...97
Literaturverzeichnis ...98

(Anonym): Molière: „Le Tartuffe ou L´Imposteur"-
Leben, Werk und Spracheinordnung der Komödie ...99
Einleitung ...100
Molières Vita ...102
„Les Querelles de Tartuffe" (1664 - 1669) ...107
Sprachentwicklung im Frankreich des 17. Jahrhunderts ...112
Sprachanalyse und Spracheinordnung des Werkes „Le Tartuffe" ...117
Fazit / Schlussbemerkung ...125
Bibliographie ...127

Einzelbände ... 128

Thomas Heim: La Cour et la Ville. Zur Publikumsstruktur bei Molières Komödienaufführungen

La cour et la ville: Bezeichnungen für das Publikum im 17. Jahrhundert

Etwa in der Mitte des 17. Jahrhunderts kommt zu den allgemeineren Bezeichnungen für das Lese- und Theaterpublikum – *lecteurs, spectateurs, auditeurs, assemblée, peuple, public*[1] – und eher veralteten Begriffspaaren wie *le peuple et la cour, le courtisan et le bourgeois, le noble et le bourgeois, Paris et la cour* die Bezeichnung *la cour et la ville* hinzu und wird zu einer „feststehende[n], allgemein verbindliche[n] Formel zur Bezeichnung der literarisch-gesellschaftlichen Öffentlichkeit" (Grimm 2002: 39, cf. auch Auerbach 1951: 13 ff. und Lough 1978: 154 f.).

So taucht *la cour et la ville* etwa in Molières 1666 uraufgeführtem *Misanthrope* auf (Molière 1965b: 26; Sz. I, 1); Boileau, ein Freund Molières, schreibt 1674 in seinem ein Jahr nach Molières Tod veröffentlichten *Art poétique*, dass sich ein Komödiendichter mit Vertretern von *la cour* und *la ville* beschäftigen soll (cf. Boileau 1966: 178); und auch Chappuzeaus im selben Jahr veröffentlichtes Buch *Le théâtre françois* enthält das Begriffspaar: Chappuzeau lobt darin den Menschen Molière, der bei *la cour* wie bei *la ville* beliebt war (cf. Chappuzeau 1875: 126).

Auf welche Gesellschaftsschichten aber bezieht sich *la cour et la ville* genau? Im Folgenden soll die Zusammensetzung des molièreschen Publikums eingehend beleuchtet und die Charakterisierung der Publikumsstruktur durch *la cour* und *la ville* um eine dritte Komponente erweitert werden: *le parterre*. Außerdem soll der Einfluss des Publikums, inwieweit sich Molière dem Publikum anpasst und es seiner Karriere dienlich macht, sowie der Zusammenhang zwischen den Komponenten des Publikums und den Formen der molièreschen Komödie untersucht werden.

---

[1] Zur Verwendung von *public* cf. Auerbach (1951: 12 f. und 1965: 3 ff.). Einen umfassenden Überblick über die Bedeutungsdimension von *public* im Frankreich des 17. Jahrhunderts gibt Merlin (1994).

Die Publikumsstruktur bei Molières Komödienaufführungen

Untersucht man das molièresche Publikum, das mit *la cour et la ville* umschrieben wurde, hinsichtlich seiner Soziologie genauer, fällt eine soziale Mehrschichtigkeit auf, die besser mit einer Dreiteilung beschrieben wird: das Publikum setzt sich aus *la cour*, *la ville* und *le parterre* zusammen.

La cour: Königliche Familie und Hofadel

La cour steht zu Molières Zeiten für Versailles und bezieht sich auf die königliche Familie und den Hofadel[2], im Grunde auf die gesamte Umgebung des Königs (die nicht immer adligen, sondern bisweilen auch großbürgerlichen Ursprungs ist, wie Auerbach (1951: 14) und Elias (2003: 369) anmerken). Der Großteil des Hofes Ludwigs XIV.[3] ist aber adlig:

> Zwar liegt die eigentliche politische Macht in den Händen von wenigen Beamten meist bürgerlichen Ursprungs; aber die gesellschaftliche Atmosphäre des Hofes bestimmt der sich dort zusammenfindende Adel" (Auerbach 1951: 35).

Dieser ist „ein Stand ohne Funktion, der aber trotzdem als privilegierter Stand anerkannt wird" (Auerbach 1951: 40). Elias (2003: 254) berichtet:

> Aus dem über das ganze Land hin verstreuten Adel wuchs als Zentrum und maßgebende Macht der um den König zentrierte höfische Adel heraus, [...] [der] in *einem* Ort, in Paris, und in *einem* sozialen Organ, *dem Königshof*, [sein] maßgebendes Zentrum [findet].

Für den Adel typisch ist die „traditionelle Geringschätzung geschäftlichen Gelderwerbs", so Elias (2003: 168).[4] Es ist ihm sogar per Gesetz verboten,

> sich an irgendwelchen kommerziellen Unternehmungen zu beteiligen. Auf diese Weise sein Einkommen zu vermehren, gilt als unehrenhaft und hat den Verlust des Titels und des Ranges zur Folge (Elias 2003: 119).

Die Bezeichnung *la cour* darf aber nicht zur Annahme verleiten, der König und seine Umgebung würden nicht auch in den Theatern der Stadt auftauchen, im

---

[2] Bis zum Regierungsantritt Ludwigs XIV. 1661 ist der Adel ein politisch einflussreicher Hochadel, der danach jedoch zum funktions- und einflusslosen Hofadel absinkt (cf. Grimm 2002: 39). Diese Entwicklung zeige sich bereits seit dem 14. Jahrhundert (cf. Auerbach 1951: 35-40).
[3] Ein ungefähres Bild von der Größe des Hofes gibt Elias (2003: 139): „Die genau Zahl der Menschen, die im Schloß von Versailles wohnten oder wohnen konnten, ist schwer zu ermitteln. Immerhin wird uns berichtet, dass im Jahre 1744 – die Dienerschaft mit eingerechnet – etwa 10 000 Personen im Schloß untergebracht waren [...]."
[4] Die Geringschätzung ist vielleicht auch darin begründet, dass ein Erwerbstätiger, „qui fera fortune par le commerce ou la banque, se servira de sa puissance monétaire pour acquérir un titre, c'est-à-dire pour entrer dans l'état aristocratique" (Russo 2002: 7).

Hôtel de Bourgogne, dem Petit-Bourbon[5] oder dem Palais Royal (cf. Duchêne 1998: 184 f., 306). Unbestritten ist der Hof aber ein wichtiges intellektuelles Zentrum:

> Die höfische Gesellschaft wurde im 16. und 17. Jahrhundert in vielen Ländern langsam zu einer maßgebenden Kultur, weil die höfische Gesellschaft, besonders in Frankreich, im Zuge der zunehmenden Zentralisierung des Staatsgefüges zur maßgebenden gesellschaftlichen Eliteformation des Landes wurde (Elias 2003: 318).

Innerhalb dieser höfischen Gesellschaft um Ludwig den XIV. fand Molière ein begeistertes Publikum. Caldicott (1998: 84 ff.) errechnet bis zu 344 Aufführungen am Hof (und vermutet, dass diese Zahl noch viel zu niedrig ist), was etwa einem Viertel der molièreschen Gesamtproduktion für *la ville* entspricht.

La ville: Großbürgertum und oberes mittleres Bürgertum

La ville lässt zuerst an Paris denken, Molières Heimatstadt und die Stadt, in die er und seine Theatertruppe 1658 nach 13jähriger Wanderzeit durch die Provinz zurückkehren, um sich endgültig dort niederzulassen. Paris ist Hauptstadt Frankreichs und Hauptstadt des Königs und somit ein einflussreiches Zentrum: Literatur ist „firmly concentrated in Paris where the court and government [are] now established at the centre of an increasingly centralized country" (Lough 1978: 68). Mit *la ville* wird aber nur auf einen bestimmten Teil der Stadtbevölkerung Bezug genommen: auf das Großbürgertum – Steuereinnehmer, Großhändler, Bankiers – und das obere mittlere Bürgertum – „altbürgerlich-solide und sehr wohlhabende Familien" (Auerbach 1951: 28), die als gebildet gelten dürfen und „nicht durch bloße Geburt hoffähig sind" (Auerbach 1951: 40). Je nach Rang des Amtes zählen hierzu auch die Vertreter der Beamtenklasse (*robe*), aus der die meisten der geistig führenden Personen der Epoche stammen (cf. Auerbach 1951: 41 ff.). Grimm (2002: 40) beschreibt diese Komponente des Dritten Standes als jenen Teil,

> der dem Erwerbsbürgertum bereits entwachsen ist oder zu entwachsen im Begriff ist, [...] die zunehmend parasitär [und funktionslos] werdende Schicht eines ehemals erwerbstätigen Bürgertums, das jetzt von seinen Vermögenseinkünften leben kann, [...] ‚des bourgeois vivant noblement'[, die sich dem Adel angleichen].

Besonders *L'Avare, Le Bourgeois gentilhomme, Les Femmes savantes* und *Le Malade imaginaire* spielen im gehobenen bürgerlichen Umfeld: in wohlhabenden Häusern, in denen man offensichtlich keinem Gewerbe nachgehen muss,

---

[5] Innerhalb des Louvre gelegenes Theater.

zumindest erfährt man keinen Beruf, den die Figuren ausüben würden (cf. Auerbach: 1951: 46-48). Auch Molières Gesellschaftssatire *Les Précieuses Ridicules* gibt einen Einblick in das gehobene Bürgertum, deren Jugend sich an illusorischen „aristokratischen" Lebens- und Liebesidealen orientiert: die beiden *précieuses* setzen die verkannten adligen Verehrer vor die Tür, weil diese nicht die Stationen der *Carte du Tendre* durchmachen, wie es die Romanvorbilder tun.[6] Als die beiden geprellten Verehrer ihre verkleideten Diener schicken, bewundern die *précieuses* die Mode der vermeintlichen Aristokraten, bejauchzen deren Verse und allzu galantes Auftreten. Die bürgerlichen Anhängerinnen des Preziösentums verdeutlichen die Tendenz zur Klassenflucht – sie ändern ihre Namen, leugnen so ihre Herkunft und wollen einen Adligen heiraten –, die Auerbach (1951: 44) als bürgerliche Eigentümlichkeit feststellt.

„[L]a cour et la ville / Ne m'offrent rien qu'objets à m'échauffer la bile" (Molière 1965b: 26, cf. 1.). Dieser Satz des jungen Aristokraten Alceste aus *Le Misanthrope* verweist auf den gesellschaftlichen Kreis, mit dem Alceste Umgang hat. Dies ist einer der Hinweise dafür, dass *la ville* – in jedem Fall zu Zeiten Molières – nicht einfach pauschal mit dem Volk in der Stadt gleichgesetzt werden kann (würde sich ein Adliger mit dem gemeinen Volk abgeben?). Auerbach (1951: 14 f.) hebt zudem den Elitecharakter des Wortes *ville* hervor. Boileau stellt *ville* in Gegensatz zu (dem „fratzenhaften"?) *peuple*, wenn er über Molière schreibt:

> Etudiez *la cour* et connaissez *la ville*;
>
> L'une et l'autre est toujours en modèles fertiles.
>
> C'est par là que Molière, illustrant ses écrits,
>
> Peut-être de son art eût remporté le prix,
>
> Si moins ami du *peuple*, en ses doctes peintures
>
> Il n'eût point fait souvent grimacer ses figures (Boileau 1966: 178).[7]

Auerbach berichtet weiter von La Bruyère, aus dessen Kapitel *De la ville* er folgert, dass es sich bei *la ville*

---

[6] Die *Carte du Tendre* ist eine allegorische Karte, die den Weg von der *Nouvelle Amitié* zu den Städten *Tendre sur Estime, Tendre sur Reconnaissance* und *Tendre sur Inclination* aufzeichnet (cf. Scudéry 1973). Zu den *salons* cf. Howarth (1982: 51-63) und Baader (1995). Eine Anthologie preziöser Texte und der Aufsatz „Molière und die ‚Préciosité'" finden sich in Baader (1997).
[7] Kursivierung nicht im Original.

um einen rein gesellschaftlichen Kreis handelt, bei dem Eitelkeit und das gegenseitige Bestreben, auf einander Eindruck zu machen, die Hauptmotive des Handelns sind; ferner, dass diese Gesellschaft sich aus den Mitgliedern der Amtsaristokratie (*robe*) und dem reichen Bürgertum zusammensetzt. [...] [La Bruyère] behandelt die Albernheit dieser Menschenklasse, wie sie sich in der Nachahmung höfisch-aristokratischer Sitten und im Unmaß der von Eitelkeit geforderten Geldausgaben zeigt, er greift in einigen Porträts ihre Herzensleere, ihre Volks- und Naturfremdheit zusammen [...] (Auerbach 1951: 16).

Es erscheint nun sinnvoll, das Stadtpublikum neben Großbürgertum und oberem mittlerem Bürgertum noch in eine zweite Komponente zu unterteilen: *le parterre*.

Le parterre: Wenig gebildetes, gewerbetreibendes Bürgertum

Der Begriff *parterre* taucht in Molières *Les Fâcheux* (Molière 1964: 412, Sz. I) und der *Critique de l'Ecole des Femmes* (Molière 1965a: 122 f., Sz. V) auf. In letzterer erfahren wir, dass die *parterre*-Plätze bei normalen Aufführungen mit 15 *sols* (= *sous*; cf. Molière 1965a: 123) die billigsten sind.[8] Hier findet – besonders zu Beginn des 17. Jahrhunderts, als das Theater noch eine relativ billige Art der Unterhaltung darstellt – die eher wenig gebildete Schicht des Dritten Standes und das gewerbetreibende Bürgertum Platz: Handwerker, *clercs*[9], Lehrlinge, Dienstboten, Lakaien, Soldaten und *filous*. Hier finden sich also Berufsschichten, die allein schon wegen der Tatsache, dass sie Geld erwerben müssen, vom Adel nicht geschätzt und als unehrenhaft gebrandmarkt werden (cf. 2.1). Elias (2003: 99 f.). führt weiter aus:

> Vom Standpunkt der höfischen Gesellschaft her gesehen, sind die Menschen der Berufsschichten Außenseiter. Sie existieren am Rande der ‚monde' – das Wort ist bezeichnend – am Rande der ‚großen Welt'. Es sind kleine Leute.

Besonders die Soldaten, allen voran die *mousquetaires*, sind häufig in lautstarke Schlägereien verwickelt. Der „Großstadtpöbel" (Auerbach 1951: 24) ist vielfach Urheber der Diebstähle und Gewalttaten.

> Immer wieder muss gegen das ungebärdige Parterre, gegen die Pagen und Lakaien, gegen die lärmenden Soldaten und gegen filous aller Art vorgegangen werden. Von Streit und Lärm im Theater, von Personen und Gruppen, die gewaltsam eindringen, ohne zu zahlen, von verwundeten oder getöteten Portiers liest man immer wieder (Auerbach 1951: 25).

---

[8] Grimm (2002: 38) merkt an: „Bei Uraufführungen bzw. aufwendigen Inszenierungen von Maschinenstücken [= *pièces à machines*, Ausstattungsstücken; Vorform der Oper] o. ä. werden die [...] Preise verdoppelt, was zweifellos Auswirkungen auf die soziale Zusammensetzung des Parterrepublikums gehabt haben dürfte."

[9] Junge Schreiber aus den Gerichten und Verwaltungsbehörden.

Diese Ausschreitungen – zusammen mit einer neuen Auffassung einer Erziehungs- (*instruire*) und Propagandafunktion des Theaters (cf. Einfluss Richelieus[10], corneillesches Theater[11]) – führt zu einer Reihe von Verordnungen und Erlassen, darunter der Erlass Ludwigs XIII. von 1641. Durch ihn soll

> nicht nur die Gesellschaft in den Logen und auf der Bühne vor dem Parterre geschützt werden, sondern auch ein Teil des Parterrepublikums selbst, das heißt dessen bürgerlicher Teil von den ‚filous' und dem ‚Lumpenproletariat' (Grimm 2002: 41).

Noch 1663 allerdings werden in Molières *Critique de l'Ecole des femmes* Lakaien erwähnt, die im Theater waren (cf. Molière 1965: 118 f.). Der Versuch der sozialen „Veredelung" des Publikums bzw. der „Säuberung" des Theaters scheint allgemein aber doch zur Folge zu haben, dass im *parterre* ab etwa 1641 weniger der Großstadtpöbel, sondern (auch) ein Publikum sitzt, „das über Kunstverständnis, Geschmack und gesunden Menschenverstand verfügt, das aber nicht der großbürgerlichen Schicht von ‚la ville' angehört" (Grimm 2002: 41).

Wahrscheinlich hat Molière diesen Teil des *parterre* – darunter Schriftsteller und Kritiker – im Sinn, wenn er Dorante in seiner *Critique de l'Ecole des Femmes* das *parterre* verteidigen lässt:

> [Entre] ceux qui le composent, il y en a plusieurs qui sont capables de juger une pièce selon les règles, et que les autres en jugent par la bonne façon d'en juger, qui est de se laisser prendre aux choses, et de n'avoir ni prévention aveugle, ni complaisance affectée, ni délicatesse ridicule (Molière 1965a: 123).

Der Name *parterre* für diese sehr heterogene Publikumsschicht ist natürlich auf den Platzbereich zurückzuführen, wie im Folgenden veranschaulicht werden soll: Während *les loges* (Logen) und *le théâtre* (die Plätze auf der Bühne, vgl. Abb. 1) *la cour et la ville* vorbehalten waren, war das *parterre* (das Parterre oder Parkett) der Stehplatz[12] dieses Teils des Bürgertums. Dass sich ab 1641 nach und nach immer mehr auch der *bourgeois*[13] im Parterrepublikum befindet, mag auch daran liegen, dass man von hier mit am besten sehen konnte, besser als in den meisten Logen (cf. Sorel in Auerbach 1951: 26 f.).

---

[10] Cf. Krauss (1953: 8).
[11] Cf. Krauss (1953: 9).
[12] Zu Molières Zeiten sind im *parterre* nur Stehplätze. Erst 1784 stellt die Comédie Française als erstes Pariser Theater einen Sitzplatzbereich für das *parterre* bereit (cf. Howarth 1982: 37).
[13] Auerbach (1951: 28-30) bringt mit *bourgeois* die *marchands de la rue Saint-Denis* in Paris, die Inhaber von Mode- und Luxusgeschäften, als typische Parterrebesucher in Verbindung. Cf. auch Lough (1978: 155).

Blick in Molières Theater im Palais Royal: Sitzplan und Zuschauerschaft

Abbildung 1 zeigt die Bühne, Abbildung 2 den Sitzplan von Molières Theater im Palais-Royal.[14]

Abb.1: Zuschauer links und rechts auf der Bühne (Howarth 1982: 50 ff. [ohne Seitenzahl]).

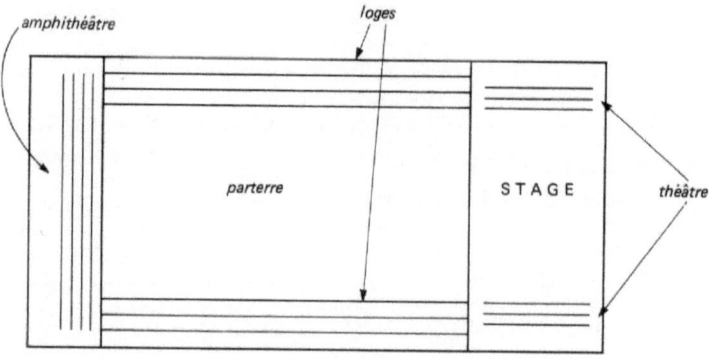

Abb. 2: Sitzplan von Molières Theater im Palais-Royal (Howarth 1982: 35).

---

[14] Cf. auch die Abbildung und Beschreibung des Petit-Bourbon in Duchêne (1998: 170 ff.).

Wenn der Stich (Abb. 1) wahrheitsgetreu abbildet, so sind auf beiden Seiten der Bühne (engl. *stage*, Abb. 2) zwei oder drei Reihen von *chaises de paille*[15] und eine gewisse Anzahl an Stehplätzen. Diese Plätze sind die teuersten und das *théâtre* – wie auch das *parterre* – ausschließlich Männern vorbehalten. Es ist der Platz der jungen Adligen, zudem der „fashionable exhibitionist noblemen who [go] to the play to be seen, and who would not for the world mix with the common run of spectators in the *parterre* (Howarth 1982: 36).

In den *loges* nehmen die *gens de qualité* Platz, in den *premières loges* in erster Linie die *grandes dames*[16]. Reiche Bürger mit ihren Frauen und Kindern sitzen hier oder im *amphithéâtre*, dem Rang, ansteigenden Bänken hinter dem *parterre*, das „gewöhnlich von bürgerlichem Publikum [...], auch gelegentlich für Prinzen des königlichen Hauses reserviert" ist (Auerbach 1951: 30). Dass hier zunehmend auch die *grands du royaume* Platz nehmen, hängt damit zusammen, dass Molières Theatertruppe ab 1665 zur „Troupe du Roi" wird und fortan für *la cour* spielt, d. h. praktisch keine *visites particulières* mehr durchgeführt werden dürfen:

> [A]u Palais-Royal, les effets de l'adoption de la troupe par le Roi si firent sentir dans une tendance vers ce que l'on peut appeler 'l'aristocratisation' du public payant. Privés dorénavant du programme des visites particulières mais sans être sûrs d'avoir toujours accès aux spectacles de la Cour, ceux des hôtes d'autrefois qui désiraient voir les nouveaux succès de Molière devaient se rendre plus nombreux et plus souvent au théâtre du Palais-Royal (Caldicott 1998: 85 f.).

Es liegt nahe, dass Molière sich nicht nur um das gebildete, einflussreiche Publikum in den *loges* und auf dem *théâtre* kümmert, sondern auch um das *parterre*, denn auch – und besonders – hier sind die potentiellen Ruhestörer (cf. 2.3), die lautstark Einfluss nehmen können auf den Erfolg eines Stückes.[17] Zudem befindet sich im *parterre* mehr als die Hälfte der gesamten Zuschauerschaft (cf. Grimm 2002: 39 und Lough 1978: 157). „This mass of men, packed together like sardines, [are] obviously in a position to express their reactions in a way which [has] a considerable effect on the fate of the play", so Lough (1978: 157).[18]

In *Les Fâcheux* (I, 1) portraitiert Molière unter anderem jedoch einen *fâcheux*, einen ungezügelten Störenfried, des *théâtre* (wenn auch in einer vermutlich etwas ausgeschmückten Beschreibung). Eraste berichtet, wie ein prätenziöser Marquis

---

[15] Etwa: Korbstühle.
[16] Hochadlige; weibliches Pendant zu den Grandseigneurs.
[17] Cf. hierzu auch Lough (1978: 156), der sogar von adligen Ruhestörern im *parterre* zu berichten weiß: „Twice during the last few months of Molières life there were disturbances in his theatre in which ‚gens d'épée' in the parterre were involved, while in 1691 a performance at the Hôtel de Bourgogne was interrupted by an officer [...] who attempted to climb on to the stage from the parterre."
[18] Obwohl das *parterre* die Hälfte des Publikums ausmacht, ist es aus finanzieller Sicht weniger bedeutend, da die *parterre*-Plätze in der Regel die billigsten sind.

nach Beginn der Aufführung lautstark auf das *théâtre* stürzt, ebenso lautstark seinen Sitzplatz einfordert, lärmend sich so setzt, dass er den anderen Zuschauern die Sicht versperrt, die Schauspieler mit seinen Fragen und Kommentaren übertönt, um bereits vor dem Ende zu gehen, wie es sich für die *gens du bel air* gehört:

> J'étais sur le théâtre, en humeur d'écouter
>
> La pièce, qu'à plusieurs j'avais ouï vanter;
>
> Les acteurs commençaient, chacun prêtait silence,
>
> Lorsque d'un air bruyant et plein d'extravagance,
>
> Un homme à grands canons est entré brusquement,
>
> En criant: «Hoà-ho! un siège promptement!»
>
> Et de son grand fracas surprenant l'assemblée,
>
> Dans le plus bel endroit a la pièce troublée.
>
> [...]
>
> Les acteurs ont voulu continuer leurs rôles;
>
> Mais l'homme pour s'asseoir a fait nouveau fracas,
>
> Et traversant encor [sic] le théâtre à grands pas,
>
> Bien que dans les côtés il pût être à son aise,
>
> Au milieu du devant il a planté sa chaise,
>
> Et de son large dos morguant les spectateurs,
>
> Aux trois quarts du parterre a caché les acteurs.
>
> [...]
>
> Il m'a fait à l'abord cent questions frivoles,
>
> Plus haut que les acteurs élevant ses paroles.
>
> [...]
>
> Là-dessus de la pièce il m'a fait un sommaire,
>
> Scène à scène averti de ce qui s'allait faire;
>
> Et jusques [sic] à des vers qu'il en savait par cœur,
>
> Il me les récitait par tout haut avant l'acteur.
>
> [...]
>
> Et s'est devers la fin levé longtemps d'avance;
>
> Car les gens du bel air, pour agir galamment,
>
> Se gardent bien surtout d'ouïr le dénouement (Molière 1964a: 411 f.).

Es liegt auf der Hand, dass sich der zunehmende Anteil an *gens de qualité* ab 1665 auf die Qualität des Publikums von *la ville* auswirkt. Die von La Grange zusammengetragenen Zahlen spiegeln wider, dass ab diesem Zeitpunkt die Einnahmen steigen, mehr Logenplätze besetzt werden bzw. mehr *gens du bel air* in die Vorstellung kommen, bald in den Logen nur noch Adlige sitzen (cf. Caldicott 1998: 85 f.).

Drei Komponenten des Publikums – drei Formen des Theaters?

Grimarest (1955: 125 f.), Biograph und Zeitgenosse Molières, hat 1705 schon auf den Zusammenhang zwischen der Publikumsstruktur und den molièreschen Komödienformen aufmerksam gemacht (cf. auch Grimm 2002: 42 f.). Er unterscheidet drei Komponenten des Publikums, die mit drei Formen der Komödie korrespondieren.

La cour (bzw. *le courtisan*) ordnet er die von Molière entwickelten *comédies-ballets* – Komödien mit umfangreichen Musikeinlagen mit Tanz und Gesang – wie *La princesse d'Elide*, *Les amants magnifiques* und *Psyché* zu, die er als *spectacles* bezeichnet, in denen die *beaux sentiments* dargestellt werden. Hier steht das Ästhetische im Vordergrund – „das ‚émerveiller' vor dem ‚(faire) rire', das ‚(In-)Staunen-(Versetzen)' vor dem Lachen" (Grimm 2002: 90) – und verrät somit die Zielgruppe, für die es konzipiert wurde:

> Das Hofballett ist eine narzisstische Kunst, die ihren Zweck mit der genüsslich ausgekosteten Selbstdarstellung einer höfischen Gesellschaft voll und ganz erfüllt. Daher sollen diese Stücke keine Probleme aufwerfen, sondern zielen auf das ‚divertissement' einer schmalen gesellschaftlichen Oberschicht und sind Vorwand für einen Entfaltung von Pracht und Luxus, die Spiegelbild realer politischer Macht sein möchte (Grimm 2002: 90).

Außerdem ist Ludwig XIV. ein begeisterter und guter Tänzer, der das Ballett liebt und an manchem Divertimento selbst teilnimmt. Wie die statistischen Erhebungen in Howarth (1982: 311 ff.)[19] und Caldicott (1998: 81 ff.) nahelegen, bevorzugt *la cour* tatsächlich die *comédie-ballet*. Dies zeigt auch eine Auflistung von Molières Werken, deren Premieren auf Versailles (wenn nicht anders erwähnt) stattfinden oder bei denen der König anwesend ist (mit Asterisk gekennzeichnet) (cf. Tabelle der Aufführungen in Caldicott 1998: 142-149):

---

[19] Die Analyse basiert auf dem von La Grange 1659 begonnenen und bis zu Molières Tod geführten *Registre*, in dem 1624 Aufführungen Molières (und 779 Aufführungen von Werken anderer Autoren), in Molières Pariser Theatern und am Hof Ludwigs XIV., dokumentiert wurden.

L'Impromptu de Versailles (19.10.1663)* - Prosakomödie

Le Mariage forcé (Louvre, 29.1.64)* - einaktige Ballettkomödie

La Princesse d'Elide (8.5.64)* - fünfaktige Ballettkomödie

Tartuffe (12.5.64)* - (hier dreiaktige) Verskomödie

L'Amour médecin (14.9.65)* - dreiaktige Ballettkomödie

Mélicerte (St.-Germain, 2.12.66)* - zweiaktige (unvollendete) Ballettkomödie

Pastorale Comique (?, 5.1.67)* - einaktige Ballettkomödie

Le Sicilien (14.2.67, St.-Germain)* - einaktige Ballettkomödie

Amphitryon (Premiere am 13.1.68 im Palais Royal, König am 16.1.68 im Palais des Tuileries) – dreiaktige Verskomödie

George Dandin (18.7.68)* - dreiaktige Ballettkomödie (Farce)[20]

Monsieur de Pourceaugnac (Chambord, 6.10.69)* - dreiaktige Ballettkomödie

Les amants magnifiques (St.-Germain,?)* - fünfaktige Ballettkomödie

Le Bourgeois gentilhomme (Chambord, 14.10.70)* - dreiaktige Ballettkomödie

Psyché (Tuileries, 17.1.71)* - fünfaktige Ballettkomödie (*tragédie-ballet*)

La Comtesse d'Escarbagnas (St.-Germain, 2.12.71)* - einaktige Ballettkomödie

Auf der Suche nach *divertissement* ist dem König die *comédie-ballet* die liebste Form der Unterhaltung. Allerdings merkt Molière auch bald, dass ebenso das Stadtpublikum dieser Form nicht abgeneigt ist: „De la cour, le goût de la comédie avec danse et musique passe à la ville" (Duchêne 1998: 549). Ist hier *la cour* Vorbild, gar tonangebend für *la ville*? Der Erfolg des *Bourgeois gentilhomme* und der *Psyché* jedenfalls „l'ont prouvé à la troupe [de Molière]: elle peut gagner de l'argent en jouant pour le public parisien une pièce avec ballet et parties chantées [...]" (Duchêne 1998: 649). Grimm (2002: 47 f.) fasst zusammen:

> Wurden die Ballettkomödien in den meisten Fällen als Auftragsarbeiten für Festlichkeiten am Hof geschrieben und dort uraufgeführt, so richtet sich dieser Komödientyp in erster Linie an das bürgerliche Parterrepublikum. Selbst wenn die Uraufführung mehrerer dieser Komödien am Hofe stattfand, sicherte ihnen doch die Aufnahme durch das ‚bürgerliche' Publikum des ‚Palais-Royal' erst den postumen Erfolg.

Demgemäß wird die Ballettkomödie *Le Malade imaginaire* in und für *la ville* und *le parterre* uraufgeführt und „attire tout Paris" (Robinet in Duchêne 1998: 657). So wird auch für diese Komponente des Molièreschen Publikums die Form bemüht, die Grimarest *la cour* vorbehält.

---

[20] Akt III ist ein erweitertes und psychologisch vertieftes Zitat von *La jalousie du barbouillé* (cf. Grimm 2002: 54).

An das Volk, *le peuple*[21] (bzw. *le bourgeois*), in unserer Terminologie *le parterre*, wende sich die Farce, eine Gattung, die einem sozialen Niveau gehörte, „das eine ernsthafte Würdigung gebieterisch ausschloss" (Boileau in Krauss 1953: 6). Zudem gebietet die Ständeklausel, dass die Figuren der Farce dem Volk entstammen. Grimarest weist aber darauf hin, dass auch der Hof dieser Gattung zugeneigt ist. Howarth zeigt ebenso, dass „among straight plays, the more lighthearted and farcical comedies were much more popular than ‚la haute comédie'" (Howarth 1982: 41 f.). Caldicott (1998: 88) berichtet, dass Molière die Farce bewusst auch am Hof spielt:

> Ayant découvert par hasard que le vieux répertoire farcesque des années '40 paraissait nouveau et qu'il plaisait à la Cour, Molière l'exploita au maximum. [...] Nul doute que c'était le Roi qui les réclamait car Molière les jouait souvent [...].

„Le roi [...] aimait aussi la comédie. Surtout la farce", schreibt Duchêne (1998: 652). Das Volk ergötzt sich offensichtlich ebenso wie der Adel an der Farce, hat aber sicher – etwa aus Gründen des sozialen Hintergrunds und unterschiedlichen Bildungsstands[22] – nicht immer denselben Zugang. Andererseits fehlt es manch gebildetem Zuschauer an intellektuellem Stimulus, wenn ihm eine Farce vorgesetzt wird (cf. Howarth 1982: 47). Und schließlich passt Molière Farcen wie *Le Mariage forcé*, *L'Amour médecin* und *George Dandin* an den Geschmack des Hofes an (cf. Caldicott 1998: 88) bzw. verbindet nach dem Vorbild der *commedia dell'arte* die „niedere" Komik (Alte, Diener) mit der „gehobeneren" Komik (junge Liebende und ihre edlen Gefühle).

Wie Corneille schafft es Molière, verschiedene Publikumserwartungen zu befriedigen und allgemein Gefallen zu finden. Und es ist nicht untypisch für Werke der Hochklassik, unterschiedliche ästhetische Vorlieben zu vereinen. *Les précieuses ridicules* sind zum Beispiel eher Farce als Komödie (cf. auch Grimm

---

[21] Lough (1978: 134) weist darauf, dass *peuple* nicht wortwörtlich verstanden warden sollte, „when it is applied by writers of the time to the reading public or to theatre audiences; it does not necessarily have the exclusively plebeian meaning which it was later to acquire [,auch wenn *peuple* manchmal in dieser Bedeutung verwendet wird, cf. Chapelain in Lough (1978: 134)]. [...] *Peuple* is in fact frequently used by writers of the time to cover those of their readers who, while standing outside the relatively restricted circle of ‚la cour et la ville', in other words the upper classes of the capital, were none the less capable of taking an intelligent interest in literature." Cf. hierzu auch Lough (1978: 153 f.).
[22] Zur Bildung bzw. dem Bildungsstand des Publikums cf. Howarth (1982: 47-51). Andererseits darf der Bildungsstand des Adels nicht überschätzt werden: „[T]he accomplishments which the author demands of the nobleman are not very great. What he requires above all is a stock of general knowledge sufficient to equip him for an ordinary conversation among men of his class on such subjects as war, hunting, and horses" (Lough 1978: 140). Selbst Ludwig XIV. wird nicht gerade als sonderlich gebildet beschrieben: „Seine Intelligenz war nach St.-Simon unter dem Mittelmaß. [...] Es kam hinzu, dass seine ganze Erziehung, auch die Erziehung seines Intellekts, ziemlich vernachlässigt war. Die aufgeregten Zeiten, in die seine Jugend fiel, hatten seinen Praezeptoren [...] nicht viel Muße gelassen, sich um seine Ausbildung zu kümmern. [...] ‚Man lehrte ihn kaum lesen und schreiben, und der blieb so unwissend, dass er von den bekanntesten Ereignissen der Geschichte nichts wusste'" (Elias 2003: 219).

2002: 59). In allen molièreschen Komödien lassen sich Farcenelemente nachweisen, zu denen Elemente der *Commedia dell'arte*[23] hinzukommen. Auch die Ballettkomödie kann mit der *Commedia dell'arte* in Verbindung gebracht werden: die Hälfte der zwölf Ballettkomödien Molières ist dreiaktig. Allen gemein ist, dass sie „aufgrund der Integration von Musik und Tanz und Ballett ein hohes Maß an nicht an das Wort gebundenem autonomen, theatralischen Spiel aufweisen" (Grimm 2002: 47).

L'habile homme oder *le savant* (in unserer Terminologie Teile von *la ville*), auf dessen Urteil Molière laut Grimarest am meisten gibt, entspreche schließlich die große, klassische Komödie – nach dem Vorbild antiker Vorlagen und der italienischen *commedia sostenuta* –, eine hohe fünfaktige Verskomödie im „erhabenen" Alexandriner wie *L'Ecole des femmes* oder *Le Tartuffe*.[24] Diese beiden Stücke tauchen allerdings in der Statistik auch am Hof recht weit oben auf. Der *Misanthrope* wird erst gar nicht bei *la cour* gespielt, trifft aber auch bei *le parterre* nicht auf den gewünschten Erfolg.[25] Köhler (1983: 67) vermutet diesbezüglich,

> dass Molière diesmal vom Parterre-Publikum im Stich gelassen [wird], [...] während das aristokratische Publikum [in Paris], *la cour*, das Stück [schätzt]. Auffällig ist jedoch, dass Ludwig XIV. den *Misanthrope* niemals am Hof aufführen [lässt].

Auch Grimm (2002: 124) und Howarth (1982: 41) merken diese Auffälligkeit an. Sie wird wohl aber auch damit zusammenhängen, dass am Hof ein Jahr um die Mutter Ludwigs XIV., Anne d'Autriche, getrauert wird und *Le Misanthrope* deshalb unter Umständen gar nicht für den Hof geschrieben wird (cf. auch Molière 1965b: 17 f.).[26]

---

[23] Neben der äußeren Einteilung in drei Akte und einer komplexeren Handlung als die Farce und einem größeren Personenkreis sind improvisierte Einlagen, Possen- und Clownscherze (*lazzi*), akrobatische Einlagen, Gags, Prügelszenen, obszöne Gesten, Quiproquos, Verkleidungen, Aneinandervorbeireden, die Verwendung von Dialekten und Küchenlatein und sprachliche Verballhornungen typisch für die Commedia dell'arte (cf. Grimm 2002: 46).

[24] Weitere fünfaktige Komödien Molières: *Les amants magnifiques* und *Le bourgeois gentilhomme* (Ballettkomödien), *L'Avare* (Prosakomödie) und die Verskomödien *Le dépit amoureux, Dom Juan, L'Etourdi, Les femmes savantes, Le Tartuffe*.

[25] Hierzu Howarth (1982: 42): „*Le Misanthrope* was a failure with Paris audiences until Molière paired it in a double bill with the popular *Médecin malgré lui*." Duchêne (1998: 457) dagegen: „Signe certain de réussite, la nouvelle pièce [*Le Misanthrope*] tient l'affiche seule pendant vingt et une représentations consécutives [...]. C'est néanmoins un bon succès, le succès moyen d'une pièce qui n'a pas fait scandale. [...] La presse l'accueille très favorablement."

[26] Die Mutter des Königs stirbt am 20.1.1666; *Le Misanthrope* wird am 4.6.1666 im Palais-Royal uraufgeführt.

Boileau stört sich daran, dass Molière sich mit seinen Farcen aber nicht nur – und dies bewusst – an *la ville* richte.[27] „[Statt] seine Modelle in ‚la cour et la ville' zu suchen [cf. 2.2] und allein für dieses Publikum zu schreiben, habe Molière, ‚trop ami du peuple', mit seinen Farcen auch das ‚niedere Volk' zu belustigen versucht" (cf. Boileau in Grimm 2002: 7).[28] In Anbetracht der intellektuell leicht zugänglichen Komik der Farce ist es naheliegend, dass Molière sich mit ihr auch an das „niedere Volk" richten will. Zudem mag die bisweilen obszöne und skatologische Sprache der Farce nicht immer dem *goût* von *la ville* entsprechen. Andererseits ist Farce bei Molière nicht gleich Farce:

> [There] is a considerable difference between the comic flavour of the early farce *Le Médecin Volant*, written for provincial audiences, and that of *Le Médecin malgré lui*, written for the more sophisticated audiences of the capital (Howarth 1982: 60).[29]

Die Derbheiten und der Fäkalhumor etwa, die sich in *Le Médecin Volant* finden (Sz. IV; cf. Molière 1964: 40 f.), kommen in der Form in *Le Médecin malgré lui* nicht vor. Zeitgenossen Molières berichten über die Zugeständnisse und „Verfeinerungen", die Molière zu machen gezwungen ist (und mit Weitblick wohlüberlegt macht?), um dem Pariser Stadtpublikum, allen voran den *honnêtes gens*[30], den höfischen und städtischen Eliten, zu gefallen:

> Dans le comique même, on veut que les obscénités soient enveloppées et Molière, tout Molière qu'il était, s'en aperçut bien dans le *Malade imaginaire* ... Il y a dans cet ouvrage un Monsieur Fleurant apothicaire, brusque jusqu'à l'insolence, qui vient, une seringue à la main, pour donner un lavement au Malade imaginaire. Un honnête homme, frère du ce prétendu malade ..., le détourne de le prendre, dont l'apothicaire s'irrite et lui dit toutes les impertinences dont les gens de sa sorte sont capables. La première fois que cette comédie fut jouée, l'honnête homme répondait à l'apothicaire : 'Allez, Monsieur, allez, on voit bien que vous avez coutume de ne parler qu'à des culs'. (Pardon, Monseigneur, si ce mot m'échappe ; je ne le dis que pour le faire mieux condamner.) Tous les auditeurs qui étaient à la première représentation s'en indignèrent, au lieu qu'on fut ravi à la seconde d'entendre : 'Allez, Monsieur, allez, on voit bien que vous n'avez pas coutume de parler à des visages.' C'est dire la même chose et la dire plus finement (Boursault in Howarth 1982: 60 f.).

Derbe Komik mit sexuellen Anspielungen (oder eindeutigen sexuellen Bildern) und skatologischen Elementen, wie man sie etwa bei Shakespeare durchgängig

---

[27] Hier zeigt sich einmal mehr, dass die Dreiteilung von Molières Publikum in *la cour*, *la ville* und *le parterre* sinnvoll ist.
[28] Cf. hierzu auch Krauss (1953: 6 f.).
[29] Molières Farce intwickelt sich grundlegend weiter wandelt sich von den in der Provinz entstandenen Farcen *Le médecin volant* und *La jalousie du barbouillé*, über seine erste Pariser Farce *Les précieuses ridicules* (1659) und *Sganarelle ou Le cocu imaginaire* (1660, beides Einakter) zu den dreiaktigen *Le médecin malgré lui* (1666) und *Les fourberies de Scapin* (1671). „Die traditionelle Typenfarce wird zur ein- oder dreiaktigen Charakter- oder Sittensatire mit stark ausgeprägten Farcenelementen", so Grimm (2002: 45).
[30] Zu den *honnêtes gens* bzw. *hommes* cf. Howarth (1982: 57-63) und Russo (2002: 123-126).

findet, kommt daher in Molières Komödien (und hiermit sind nicht seine Farcen gemeint) eher selten oder nicht im Übermaß vor. Die *honnêtes gens* der *salons*[31], die im 17. Jahrhundert Mittelpunkte des gesellschaftlichen Lebens darstellen und aktiv an der Ausbildung neuer sozialer wie ästhetischer Normen (Sprache, Umgangsformen, Bildungsideal, aristokratische Ästhetik) beteiligt sind,[32] hätten daran Anstoß genommen. So ist die Komödie mehr der *bienséance* verpflichtet, also dessen, was die Kirche und die gute Gesellschaft als schicklich, sittlich und moralisch vertretbar erachten. Weiter wird das Prinzip des *plaire* und des *goût* zu einem ästhetischen Kriterium.[33] Nicht die Regeln der *doctes*, sondern der Geschmack der *honnêtes gens* entscheidet über die Beurteilung von Kunst (cf. auch *La critique de L'école des femmes*, Szene 6).[34]

So zutreffend Grimarests Zuteilung also auf den ersten Blick scheint, so sehr werden bei genauerer Betrachtung die Grenzen verwischt und die einzelnen Schichten scheinen hinsichtlich ihres Geschmacks recht schnell zu verschmelzen, besonders, wenn man die Vielschichtigkeit des Parterrepublikums im Auge behält. Auerbach (1951: 27) stellt fest:

> Dass der Geschmack des *bourgeois* sich in irgend einer Hinsicht ständig und grundsätzlich von dem des höfischen Publikums unterschieden hat, lässt sich nicht feststellen, ich bin geneigt, es zu verneinen.

Hinzu kommt, dass das *parterre* eine Schicht [ist], die hervorragend geeignet [ist], mit der höheren höfischen Gesellschaft innerlich zu verschmelzen, sich von ihr führen zu lassen, aus Snobismus und Ehrgeiz ihre Gesichtspunkte zu übernehmen", so Auerbach (1951: 30). Lough (1978: 160) geht davon aus, dass „the aristocracy [does] not exhibit any particular refinement of taste".

Duchêne (1998: 466) unterstreicht, dass sich Molière mit derselben Ernsthaftigkeit dem *public des connaisseurs* wie dem *public populaire* zuwendet:

---

[31] Caldicott (1998: 74) bezeichnet sie als „groupe satellite de la Cour".
[32] Cf. Howarth (1982: 51-63), Baader (1995) und Russo (2002: 90-98).
[33] Das Konzept des *plaire* bzw. des *goût* ist gleichermaßen auch das der großen Klassiker wie La Fontaine, Racine, Boileau (cf. Mongrédien in Molière 1965: 106).
[34] Eine Art direkte Zensur gibt es laut Lough (1978: 75) noch nicht: „[I]t was not until 1701, perhaps even 1706, that manuscripts of plays had to be submitted to an official censor and given his approval before they could be put on stage."

> Si on suppose Molière converti aux règles classiques et à la hiérarchie des genres, on est conduit, comme le fera Grimarest, à opposer public des connaisseurs et public populaire. Après avoir soigneusement écrit pour le premier une pièce longuement méditée, Molière aurait vite bâclé une farce par le second. Mais il a toujours prétendu s'adresser en même temps à ces deux publics. Rien ne prouve qu'il ait trouvé moins important d'écrire et de jouer *Le Médecin malgré lui* que *Le Misanthrope*. Signe qu'il met sur le même pied sa farce en trois actes et sa grande comédie en cinq actes et en vers : il les publie toutes deux chez le même éditeur, Ribou, en deux volumes séparés [...].

Es ist in jedem Fall sicher nicht ganz von der Hand zu weisen, dass Molière bewusst bestimmte Komödienformen wählt, um zielgruppenspezifisch sein Publikum zu erreichen. Dieses Vorgehen darf als Bestandteil seiner „Karrierestrategie" angenommen werden.

Réussite und succès: Molières publikumsorientierte Karrierestrategien

"It is fairly certain that the man who made the most money out of writing plays in seventeenth-century France was Molière", so Lough (1978: 96). Aber „playwriting [...] did not offer what one could call a career" (ibid.: 95):

> Paradoxically, the position of the writer in what is one of the greatest ages of French literature was decidedly precarious. Unless he had private means or a comfortable job, he seldom rose above hardship or even poverty (ibid.: 131).

Autoren, auch erfolgreichen, ist es Anfang des 17. Jahrhunderts nicht möglich, allein vom Verkauf ihrer Werke ihren Lebensunterhalt zu verdienen. Ein Urheberrecht gibt es noch nicht; lediglich der Buchhändler, dem der Schriftsteller mit dem Verkauf seines Manuskripts alle Rechte überlässt, hat ein so genanntes *privilège*, um Raubdrucke zu verhindern (cf. Lough 1978: 76 ff. und Viala 1985: 94 f.).[35] Noch schwieriger gestaltet sich die Lage für Theaterautoren wie Molière: sie haben nur das Recht an der Uraufführung und der ersten Aufführungsreihe und erhalten nur hierfür eine finanzielle Beteiligung.

Eine mögliche Einnahmequelle stellt das Mäzenatentum dar (cf. Viala 1985: 51-84).[36] Molière kommt eine Zeit lang in den Genuss des aristokratischen Mäzenatentums durch verschiedene adlige Protektoren (Epernon, Aubijoux, Conti, die alle von der Gunst Gastons von Orléans abhängen, dem Bruder des

---

[35] Das Vorwort zu *Les Précieuses ridicules* spiegelt diese Situation auch wieder: Ein Verleger hatte für eine Raubkopie des Stücks die Druckerlaubnis erwirkt, worauf Molière sie für nichtig erklären ließ und sein Stück selbst druckte (cf. Molière 1964: 224 f.).
[36] Das Mäzenatentum ist Ausdruck der adligen Tugend der *largesse*, der Freigiebigkeit und Fürsorge für andere. Man darf wohl aber zurecht unterstellen, dass die Mäzene auch davon ausgehen, ihre eigene „Größe" mit dem potentiell außergewöhnlichen künstlerischen Schaffen in Verbindung gebracht zu wissen.

verstorbenen Ludwig XIII.). Aubijoux und Conti laden Molière auch zu privaten Vorstellungen in ihren Schlössern ein, den *visites (privées)*. Freie Kost und Logis neben regelmäßigen finanziellen Zuwendungen (cf. Caldicott 64 ff., 81 ff. und Duchêne 1998: 748 ff.) seitens der Gönner verschaffen Molière und seiner Truppe ein beträchtliches finanzielles Polster.

Herausragend ist aber vor allem das staatliche bzw. königliche Mäzenatentum durch Ludwig XIV.[37] Nachdem dieser vom Auftritt von Molières Theatertruppe am Hof so sehr begeistert ist, überlässt er Molière den Petit-Bourbon. Die Ernennung zur „Troupe du Roi au Palais Royal" ist für Molière eine außergewöhnliche Beförderung. Der Biograph Duchêne (1998: 423) schreibt:

> Après avoir réussi à devenir dans les faits le chef de la troupe préférée du roi, il partageait désormais un privilège jusque-là réservé aux comédiens de l'hôtel de Bourgogne. C'était un signe visible de sa grande faveur, la meilleure des garanties contre toutes les attaques qu'on pouvait diriger contre lui.

Molière versucht geschickt, sich diese Gunst aufrechtzuerhalten. Schon der Prolog zu *Les Fâcheux* (1661) ist ein wahres Loblied an den „plus grand Roi du monde", der ein „miracle visible", „[j]eune, victorieux, sage, vaillant, auguste, [a]ussi doux que sévère, aussi puissant que juste" und mit einem „grand coeur" ausgestattet sei (Molière 1964: 409). Auch im *Tartuffe* wird der Monarch in der letzten Szene in den höchsten Tönen (wenn auch indirekt) gelobt (cf. Molière 1965a: 344 f.).

Es entsteht eine geschichtlich einzigartige Freundschaft zwischen Molière und dem Sonnenkönig. 10 Jahre lang wird Molière unter dem Schutz des Königs bleiben, was dem Theaterautor Molière zu einer außergewöhnlich privilegierten Stellung[38] verhilft, denn in der französischen Gesellschaft des 17. Jahrhunderts rangieren

> die Zugehörigkeit zum Hofe des Königs oder gar das Privileg des Zutritts zur Person des Königs [...] als Lebenschance in der Skala der gesellschaftlichen Werte außerordentlich hoch (Elias 2003: 130).

Diese Karrierechance[39] hat Molière offensichtlich von Anfang an erkannt. Molière wird als „homme sociale désireux de réussir" (Guellouz in Caldicott 1998: i) beschrieben. Caldicott (1998) und Duchêne (1998) sehen Molière als

---

[37] Diese Förderung des Theaters von offizieller Seite lässt das französische Theater im 17. Jahrhundert eine Glanzzeit erleben.
[38] Ein Autor, „looked upon as inferior being", genoss normalerweise alles andere als gesellschaftliche Vorrechte: "Socially the writer was despised", notiert Lough (1978: 131).
[39] Zu Molières Karriere als Autor bzw. Herausgeber cf. Caldicott (1998: 121-149).

zielstrebigen, karriereorientierten ‚homme de théâtre', für den der künstlerische und materielle Erfolg des Werkes Vorrang hat gegenüber jedem wie auch immer gearteten gesellschaftlichen ‚Engagement'. Für Caldicott ist Molières Karriere das Ergebnis eines Spannungsfeldes, das aus Gönnern und Mäzenen einerseits und mehr oder minder skrupellosen Verlegern andererseits besteht, aus dem sich der Dramaturg als einer der ersten ‚écrivains' im neuzeitlichen Sinn des Wortes befreit habe (Grimm 2002: 10).

Viala (1985: 183 ff.) unterscheidet zwei Strategien[40] professioneller Autoren: *la réussite* und *le succès*. Mit *réussite (sociale)* meint Viala „des acquis successifs et cumulés de positions dans les secteurs institutionnalisés", einen „progrès dans la hiérarchie au moyen des gains lents, prudents, mais stables" (Viala 1985: 184). Er erklärt weiter, ein derartiges Vorgehen sei

> pour une large part soumise aux pouvoirs extra-littéraires qui assurent la stabilité des institutions de la littérature toujours peu solides par elles-mêmes. Elle correspond à une production qui s'adresse avant tout à ces institutions et, à travers elles, aux détenteurs des pouvoirs (Viala 1985: 184).

Diese Strategie entspricht der des Höflings Molière, der es versteht, sich bei den *grands* zu beweisen. Bereits während der Wanderjahre in der Provinz erhält Molières Truppe von zahlreichen Protektoren und Gönnern beträchtliche finanzielle Zuwendungen (cf. Caldicott 1998: 43-52[-62]). Er knüpft über seine Mäzene wichtige Kontakte, ein Netz elitärer, einflussreicher, adliger Personen,[41] das er mittels der *visites* weiter ausbaut,[42] und steigt die soziale wie Karriereleiter so weit hoch, dass er 1658 schließlich, zurück in Paris, über *Monsieur frère unique du Roi* in die Gunst Ludwigs XIV. gelangt und Molière einen außergewöhnlich privilegierten Status genießt:

> C'était non seulement l'acteur et chef de troupe qui chassait ses concurrents de la Cour, mais aussi l'auteur qui y introduisait le monopole exclusif de son œuvre. Seul Molière était admis à jouer avec sa troupe devant le Roi, et seule l'œuvre de Molière y était représentée. Mieux encore, aucune autre troupe ne jouait l'œuvre de Molière, et Molière daignait de moins en moins jouer l'œuvre d'autrui (Caldicott 1998: 88).

Caldicott fasst Molières Karrierestufen zusammen:

---

[40] Eine Strategie „mêle toujours du conscient et de l'inconscient, du calcul et de l'irrationnel, des choix libres et des contraintes, souvent même pas perçues comme telles", so Viala (1985: 184).

[41] „Il avait savamment joué, certes, sur un réseau de protecteurs nobles pendant ses années en province, allant de Gaston d'Orléans (oncle du Roi), au duc d'Epernon, et au prince de Condé, mais s'il n'avait eu ni le talent ni l'expérience de courtisan nécessaires pour plaire à la Cour on ne l'aurait jamais admis à ces relations d'intimité avec la famille de Louis XIV" (Caldicott 1998: 28).

[42] Eine Auflistung der *visites particulières* gibt Caldicott (1998: 64 ff.).

En passant de la protection d'une grande cour princière en 1644 à celle du roi en 1665, Molière avait donc traversé trois étapes, progressant des derniers sursauts d'un mécénat féodal vers un triomphe de la mode parisienne la plus élégante, pour être enfin élevé au rang d'auteur officiel, le premier dramaturge ainsi attitré, sous l'absolutisme monarchique d'une ère nouvelle (Caldicott 1998: 40).

Die Biographien über Molière machen es deutlich: er wollte nie etwas anderes werden als *homme de théâtre*. La Grange unterstreicht lobend, wie Molières Begabung zum Höfling (*courtisan*) seine frühzeitige Karriereorientierung positiv beeinflusst und zeigt uns, dass Molière nicht nur als Autor, sondern auch als Höfling – also auf der Bühne des Theaters wie auf der des Hofes – brilliert und sein Spiel dem König gefällt:

> [L]'estime dont Sa Majesté l'honorait augmentait de jour en jour, aussi bien que celle des courtisans les plus éclairés, le mérite et les bonnes qualités de Monsieur de Molière faisant de très grands progrès dans tous les esprits. Son exercice de la comédie ne l'empêchait pas de servir le Roi dans sa charge de valet de chambre, où il se rendait très assidu. Ainsi il se fit remarquer à la Cour pour un homme civil et honnête, ne se prévalant point de son mérite et de son crédit, s'accommodant à l'humeur de ceux avec qui il était obligé de vivre, ayant l'âme belle, libérale : en un mot possédant et exerçant toutes les qualités d'un parfaitement honnête homme (La Grange in Caldicott 1998: 27).

Grimm resümiert, dass Molière sich

> in einem fünfzehnjährigen Umgang mit Vertretern des Hochadels […] die Umgangsformen eines vollkommenen ‚courtisan' zu eigen gemacht [und verkehrt] mit seinen Gönnern ‚von gleich zu gleich' […]. Grimarest hat ihm die Eigenschaften eines ‚parfaitement honnête homme' zuerkannt […]. Für das höfische Publikum ist [Molière daher] als Schauspieler in sozialer Perspektive eine Identifikationsfigur [cf. auch Caldicott 1998: 69 f.]; seine Kriterien des Lächerlichen sind mit denen des Publikums identisch, so dass es sich auch über die von ihm dem Gelächter preisgegebenen Figuren rückhaltlos ergötzen kann" (Grimm 2002: 33 f.).

Wie wir gesehen haben, ist die Voraussetzung für eine *réussite sociale* Molières Anerkennung durch die *cours (princières)*, letztlich durch *la cour* (Ludwigs XIV.). Aber Molière genießt auch die Unterstützung des zahlenden bürgerlichen Publikums – es geht hierbei in erster Linie um Geld –, was Viala mit einer *stratégie de succès* verbindet:[43]

---

[43] Caldicott (1998: 69) erwähnt die geringe finanzielle Entlohnung bei den *visites particulières* im Vergleich zu den öffentlichen Aufführungen: „Les chiffres fournis par La Grange montrent que l'écart important entre la rémunération de la représentation publique et celle de la représentation privée fut une constante jusqu'à l'adoption de la troupe par le Roi en 1665. Mais dans une société d'ordres aussi fortement hiérarchisée, il aurait été impensable que Molière refuse les invitations d'un Colbert ou d'un Condé sous prétexte qu'il ne payaient pas assez."

[Le succès] se fonde sur une production destinée en priorité au public élargi [et] repose sur la reconversion des ces profits de renommée publique en signes de reconnaissance et légitimation décernés par les institutions (Viala 1985: 184).

Diese Strategie „privilégie les gains rapides d'argent *et* de notoriété [et] se plie moins au principe de hiérarchisation dominant tel qu'il s'exprime dans l'échelle des pouvoirs littéraires" (Viala 1985: 185).

Durch den Erfolg am Hof wird Molière zunächst das Palais du Petit-Bourbon und schließlich das Palais-Royal angeboten, wo er die *stratégie de succès (populaire)* weiter verfolgen kann. Die Gunst des Königs „[permette] de s'épanouir dans ses activités multiples non seulement de courtisan mais en un homme de théâtre: acteur, chorégraphe, metteur en scène, et auteur" (Caldicott 1998: 90).

Molières Erfolgs- bzw. Karrieregeheimnis scheint ein ausgewogenes, gut kalkuliertes Gleichgewicht[44] zwischen den Strategien *réussite* und *succès* und – was die Zielgruppenorientierung betrifft – zwischen *la cour* und *la ville* zu sein.

Dieses Gleichgewicht spiegelt sich auch in Molières *Critique de l'Ecole des femmes* wider. Fasst man Dorante als Sprachrohr Molières auf, so kommt in dem Stück Molières – reale oder opportune – Achtung gegenüber *la cour* sowie *la ville* bzw. *le parterre* zum Ausdruck:

Sachez [...] que les courtisans ont d'aussi bons yeux que d'autres; qu'on peut être habile avec un point de Venise et des plumes, aussi bien qu'avec une perruque courte et un petit rabat uni; que la grande épreuve de toutes vos comédies, c'est le jugement de la Cour; que c'est son goût qu'il faut étudier pour trouver l'art de réussir; qu'il n'y a point de lieu où les décisions soient si justes; et sans mettre en ligne de compte tous les gens savants qui y sont, que, du simple bon sens naturel et du commerce de tout le beau monde, on s'y fait une manière d'esprit, qui sans comparaison juge plus finement des choses que tout le savoir enrouillé des pédants (Molière 1965a: 130).

Apprends [...] que le bon sens n'a point de place déterminée à la comédie; que la différence du demi-louis d'or et de la pièce de quinze sols ne fait rien du tout au bon goût; que debout et assis, on peut donner un mauvais jugement; et qu'enfin, à le prendre en général, je me fierais assez à l'approbation du parterre, par la raison qu'entre ceux qui le composent, il y en a plusieurs qui sont capables de juger une pièce selon les règles, et que les autres en jugent de la bonne façon d'en juger, qui est de se laisser prendre aux choses, et de n'avoir ni prévention aveugle, ni complaisance affectée, ni délicatesse ridicule (Molière 1965a: 123).

---

[44] „Molière n'a rien laissé au hasard" (Duchêne 1998: 182).

Lough (1978: 157) sieht hier Molière als

> actor-manager who knew on which side his bread was buttered and was very conscious of the fact that the spectators who bought the tickets for the parterre generally represented more than half his audience.

Des Weiteren wird deutlich, was Molière für *l'art de réussir* hält: den *goût*, den Geschmack des Hofs zu treffen (nicht ohne dem Geschmack des *parterre* zu vertrauen). Im *Impromptu de Versailles* tritt Molière selbst (als Molière!) auf die Bühne und sagt:

> [L]es rois n'aiment rien tant qu'une prompte obéissance [...]. Nous ne devons jamais nous regarder dans ce qu'ils désirent de nous: nous ne sommes que pour leur plaire; et lorsqu'ils nous ordonnent quelque chose, c'est à nous à profiter de l'envie où ils sont. Il vaut mieux s'acquitter mal de ce qu'ils nous demandent que de ne s'en acquitter pas assez tôt; et si l'on a la honte de n'avoir pas bien réussi, on a toujours la gloire d'avoir obéi vite à leurs commandements (Sz. 1, Molière 1965a: 149).[45]

La réussite und *le succès* und somit sein Publikum ständig vor Augen, macht Molière eine außergewöhnliche Karriere und wird zur „première ‚vedette' des temps modernes" (Duchêne 1998: 673).

---

[45] Cf. hierzu auch La Serre in Caldicott (1998: 28): „[Molière était] uniquement rempli du désir d'exécuter promptement les ordres du Roi, il ne songeait qu'à répondre, du moins par son zèle, à la confiance que lui témoignait ce Prince, en se chargeant du soin de l'amuser".

Zusammenfassung der Ergebnisse

Das Molièresche Publikum zeigt auch nach der sozialen Veredelung eine heterogene Struktur, die nur unzureichend mit der Formel *la cour et la ville* charakterisiert wird. *La cour*, die königliche Familie und der Hofadel, auf der einen Seite, und *la ville*, das Großbürgertum und das obere mittlere Bürgertum, zusammen mit *le parterre*, dem weniger gebildeten, gewerbetreibenden Bürgertum, auf der anderen Seite, sind hinsichtlich ihrer soziologischen Parameter höchst unterschiedlich. *La cour* und *la ville* können eher als Bezeichnung des Aufführungsortes dienen denn als soziologisch aussagekräftige Etiketten.

In Anbetracht ihrer Funktionslosigkeit und ihres Bildungsideals, besonders auch hinsichtlich ihres Geschmacks lässt sich jedoch eine Verschmelzung der Oberschichten von *la cour* und *la ville* feststellen. Beide finden Gefallen an Molières *comédie-ballet*. Farcen- und *Commedia dell'arte*-Elemente tauchen sogar in der den städtischen und höfischen Eliten zugeordneten fünfaktigen Verskomödie auf. Der Hof findet nachweislich ebenfalls Gefallen an echten Farcen, die Molière allerdings mit Blick auf den Geschmack dieser Schicht in abgewandelter Form aufführen lässt und es so schafft, die unterschiedlichen Publikumserwartungen zu befriedigen. So auch die des an die höfische Gesellschaft anpassungswilligen *parterre*.

Auf der Basis eines außergewöhnlichen Talents ermöglichen Molières Karrierestrategien *réussite (sociale)* und *succès (populaire)* ihm einen in der Theatergeschichte Frankreichs einzigartigen ruhmvollen sozialen Aufstieg. Über ein Netz einflussreicher adliger Gönner und Mäzene, an deren Spitze Ludwig XIV. steht, wird Molière zum perfekten *courtisan* und *honnête homme*, sichert seine materielle Existenz und entwickelt eine wohlkalkulierte Publikumsorientierung, so dass er den Geschmack von *la cour* zusammen mit dem von *la ville* und *le parterre* in einem ausgewogenen Gleichgewicht zielsicher trifft.

Bibliographie

Auerbach, Erich [1933] (^{2}1965): *Das französische Publikum im 17. Jahrhundert*, München: Max Hueber.[46]

Auerbach, Erich (1951): „La cour et la ville", in: ders., *Vier Untersuchungen zur Geschichte der französischen Bildung*, Bern: Francke, 12-50.

Baader, Renate (1995): „Die französische Salonkultur im 17. Jahrhundert", in: Bettina Baumgärtel/Silvia Neysters (Hrsg.): *Die Galerie der starken Frauen. Die Heldin in der französischen und italienischen Kunst des 17. Jahrhunderts*, Kunstmuseum Düsseldorf, Ausstellungskatalog, 34-50.

Baader, Renate (1997): *Moliere: Les Précieuses ridicules*, Stuttgart: Reclam.

Boileau, Nicolas [1674] (1966): „L'art poétique", in: Antoine Adam/Françoise Escal (Hrsg.), *Œuvres complètes*, Paris: Gallimard.

Caldicott, C. Edric J. (1998): *La carrière de Molière entre protecteurs et éditeurs*, Amsterdam/Atlanta (GA): Rodopi.

Chappuzeau, Samuel [1674] (1875): *Le théâtre françois* [= *français*], hrsg. von Georges Monval, Paris: Bonnassies.

Duchêne, Roger (1998): *Molière*, Paris: Fayard.

Elias, Norbert [1969] (2003): *Die höfische Gesellschaft*, Frankfurt: Suhrkamp.

Grimarest, Jean-Léonor Le Gallois de [1705] (1955): *La vie de M. de Molière*, krit. Ausgabe von Georges Mongrédien, Paris: Brient.

Grimm, Jürgen [1984] (^{2}2002): *Molière*, Weimar: Metzler.

Howarth, William D. (1982): *Molière: A Playwright and his Audience*, Cambridge u. a.: University Press.

Köhler, Erich (1983): *Klassik II. Vorlesungen zur Geschichte der Französischen Literatur*, hrsg. von Henning Krauß und Dietmar Rieger, Stuttgart u. a.: Kohlhammer.

Krauss, Werner (1953): *Molière und das Problem des Verstehens in der Welt des 17. Jahrhunderts*, Düsseldorf u. a.: Progress-Verlag.

Lough, John (1978): *Writer and Public in France*, Oxford: Clarendon Press.

---

[46] Fast inhaltsidentisch mit Auerbach (1951).

MERLIN, Hélène (1994): *Public et littérature en France au XVIIe siècle*, Paris: Les Belles Lettres.

Moliere (1964): *Œuvres complètes* 1, hrsg. von Georges Mongrédien, Paris: Garnier-Flammarion.

Moliere (1965a): *Œuvres complètes* 2, hrsg. von Georges Mongrédien, Paris: Garnier-Flammarion.

Moliere (1965b): *Œuvres complètes* 3, hrsg. von Georges Mongrédien, Paris: Garnier-Flammarion.

Russo, Elena (2002): *La cour et la ville de la littérature classique aux Lumières. L'invention de soi*, Paris: Presses Universitaires de France.

Scudéry, Madeleine de [1654-60] (1973): *Clélie, histoire romaine*, Bd. 1 [von 10], Genf: Slatkine Reprints.

Viala, Alain (1985): *Naissance de l'écrivain. Sociologie de la littérature à l'âge classique*, Paris: Les éditions du minuit.

Hannah-Kristin Elenschneider: Die komische Konfliktsituation in: Molière «Le Misanthrope ou l'Atrabilaire amoureux» (1666)

Einleitung

„C'est une étrange entreprise que celle de faire rire les honnêtes gens."[47]

Die Komödie gilt als Medium des Komischen par excellence. Doch wie erzielt die Komödie ihre komischen Effekte, die sich in spezifischen Themen und Motiven, in der Figurenstellung, der Handlungsstruktur sowie Sprache und Stil ausdrücken? Wie wird das Lachen oder die Lächerlichkeit in der Komödie erzeugt?

Insbesondere die Komödien von Molière gelten als Höhepunkt der klassischen Komödie in Frankreich. Bei der vorliegenden Hausarbeit liegt *Le Misanthrope ou l'Atrabilaire amoureux* (1666) als Primärtext zugrunde. Thema dieser Komödie ist der Konflikt zwischen rigoroser Aufrichtigkeit und heuchlerischer Höflichkeit im Rahmen der angepassten höfischen Gesellschaft.

Anhand der formalen und inhaltlichen Analyse dieses von Molière selbst als „comédie" betitelten Stücks versuche ich einige Konstruktionsprinzipien der Komik bzw. der komischen Konfliktsituation in der Komödie darzustellen.

Dabei wird näher eingegangen auf die Einführung der komischen Konfliktsituation, die zugrunde liegenden Normen und Personenkonstellationen, sowie abschließend die Form der Auflösung dieser Konfliktsituation.

Zunächst stehen jedoch Fragen zur Theorie nicht nur der klassischen Komödie des 17. Jahrhunderts, sondern vor allem auch des Komischen im Zentrum des Interesses.

---

[47] Molière: *La Critique de l'Ecole des Femmes.*

Grundzüge der klassischen Komödientheorie

Im Zeitalter der Klassik gab es für die Autoren feste Anweisungen für das Verfassen einer Komödie. Beginnend mit den für alle Komödien geltenden Kriterien nach Aristoteles, beschäftige ich mich mit der Theorie von Laurent Jaubert, demzufolge das Lachen bewusst künstlich erzeugt und als therapeutischer Effekt eingesetzt wird. In seinem Text *Traité du Ris* beruft sich Laurent Jaubert unter anderem auf die anthropologischen Untersuchungen von J. Fernel und Th. Walkington, und leitet daraus die Bedeutung des Lachens her. Seine Theorie ist bis heute nahezu unverändert gültig und bildet eine wesentliche Grundlage für die Komödientheorie. Ausgehend von dieser Darstellung dieser Theorien stellt sich die Frage, inwieweit *Le Misanthrope ou l'Atrabilaire amoureux* diesem Konstruktionsprinzip einer Komödie entspricht.

Gattungsbegriff „Komödie"

Ein wesentliches Merkmal der Komödie sind die Personen, die dem niederen und mittleren Stand angehören, und an deren Standeszugehörigkeit sich auch die Sprache im Stück und das Zielpublikum orientiert. Während in der Tragödie das hohe Personal dementsprechend tief fallen kann (meistens hat dies den Tod des Helden zu Folge), ist dies in der Komödie nicht der Fall. Das Ende einer Komödie stellt ein sogenanntes *Happy End* dar, das dazu dient, alle Konflikte aufzuheben. Wirkungsziel der Komödie ist das Lachen, dadurch soll eine Art Katharsis erreicht werden.

Laurent Jaubert: Traité du Ris

Im 14. Kapitel seines Textes unterscheidet Laurent Jaubert zwischen „joie", „rire" und „tristesse". „Joie" (extreme Freude) und „tristesse" (Trauer) sind Grenzpunkte, „rire" (Lachen) eine gemässigte Form von „joie". Diese entspricht der „médiocrité", der Mitte zwischen den beiden Extremen bzw. Gefährdungen.

Die Bedingungen des Lachens sind durch diese Mitte definiert: zum einen wird vorausgesetzt, dass der Normalzustand bekannt ist. Lachen ist immer an Gesellschaftsnormen gebunden. Zum anderen muss eine gewisse Abweichung von der Mitte (von den herrschenden Normen) als Grund zum Lachen vorliegen. Lachen dient demnach als Therapie, zur Korrektur eines Fehltritts.

Wirkungsziel der Komödie ist das Lachen, das gute Ende einer Komödie ist vergleichbar mit dem Rückweg in die Mitte. Bis zu einem bestimmten Punkt hin ist der Protagonist der Komödie in der Lage, sein Verhalten, sein Abweichen von der Norm zu korrigieren und zu dieser „médiocrité" zurückzukehren. Folglich dient die Komödie auch als eine Art literarisches Normenkontrollverfahren. Ihre Wirkung besteht in der durch Rhetorik erzeugten Abwehr von extremen Einstellungen. Ziel ist der Einklang mit sich selbst, der Gemeinschaft und ihren Normen des Verhaltens, oder anders gesagt: ein Akt der Mäßigung der Erregungen. Bei den Charakterkomödien von Molière sind es vor allem menschliche Schwächen, die eine Abweichung von der Norm darstellen.

Bei einer Tragödie dagegen ist die Abweichung vom Gleichgewicht zwischen den Extremen „joie" und „tristesse" zu stark und es gibt keine Möglichkeit mehr, in diese Mitte zurückzukehren. Eine Heilung des Affektes ist nicht mehr möglich, am Ende steht der Tod der betreffenden Figur.[48]

---

[48] Jaubert: *Traité du Ris.*

Molière: Le Misanthrope ou l'Atrabilaire amoureux (1666)

Molière gilt als Vertreter der klassischen französischen Komödie. Seine heutige Bedeutung beruht hauptsächlich auf den bekannten Komödien in fünf Akten, wie z.B.: *L'école des femmes* (1662), *Le Tartuffe* (1664, 1667 und 1669) und *L'avare* (1668).[49]3

Das Personal seiner Theaterstücke bilden unter anderem Charaktere wie der Geizige, der Menschenfeind, der Heuchler und der Scharlatan. Thema seiner Komödien sind Schwächen und Verhaltensweisen gesellschaftlicher Außenseiter, d.h. solcher Personen, die von den gesellschaftlichen Normen der „honnêteté", des „bon sens" und der „juste nature" abweichen.

Jean Baptiste Poquelin

Jean Baptiste Poquelin wurde am 15. Januar 1622 in Paris geboren. 1644 nahm er den Künstlernamen Molière an. 1643 wurde er Mitglied der Schauspielertruppe Béjart, die sich *L'Illustre Théâtre* nannte. Nach Misserfolgen und Geldnot begann er ein Wanderleben als Schauspieler und später als Lustspielautor in der Provinz (1645-1658). Während dieser Zeit wurden seine ersten Farcen sowie Komödien aufgeführt. Molière gewann die Gunst Ludwigs XIV. und spielte ab 1661 im Palais Royal. Er verstarb am 17. Februar 1673 wenige Stunden nach einer Vorstellung des *Malade imaginaire*.[50]

Le Misanthrope ou l'Atrabilaire amoureux (1666)

Die Komödie *Le Misanthrope* wurde am 04. Juni 1666 im Palais Royal uraufgeführt.[51]5

Das Stück ist eine Typenkomödie der französischen Klassik: die Charaktere entwickeln sich nicht, sondern sind gleich bleibende Figuren, die sich ihrem Typ gemäß verhalten.

---

[49] Molière: *Le Misanthrope*; S. 18.

[50] Bahners: *Erläuterungen zu Molière*; S. 22 f.

[51] Grimm: *Molière*; S. 123.

Es besteht wie jedes klassische Drama aus fünf Akten: der erste Akt dient als Exposition während die beiden letzten Akte die zuvor gesponnenen Intrigen wieder auflösen.

Über den Ort der Handlung gibt Molière nur den knappen Hinweis: „La scène est à Paris"[52]; jedoch ist eindeutig, dass das Stück zur Zeit Ludwig XIV. spielt. Einheit von Zeit und Ort sind gegeben.[53]

Er verzichtet auf sämtliche Regieanweisungen, und stellt im Personenverzeichnis die einzelnen Figuren in der Reihenfolge ihrer Liebes- und Freundschaftsverhältnisse sowie ihres gesellschaftlichen Rangs vor.[54]

Inhaltsangabe

Die Handlung des Stückes ist auf ein Minimum beschränkt, ihr Spannungsmoment besteht nur in der ständigen Verzögerung einer entscheidenden Aussprache zwischen einem Liebhaber namens Alceste, der in einer Unterredung mit seiner Angebeteten, Célimène, Gewissheit darüber erlangen möchte, ob sie ihn heiraten will.[55] Kaum aber hat sich die Möglichkeit eines Gesprächs ergeben, treten unerwartet andere Personen hinzu und verhindern dessen Fortgang.[56]

Alceste ist *Le Misanthrope* –Titelfigur und komische Figur zugleich-, der die Verlogenheit und Heuchelei der feinen Gesellschaft offen anprangert, nur bei Célimène nicht, weil er sie liebt. Seine Versuche durch Ehrlichkeit dagegen anzugehen scheitern: so bringt er es nicht über sich, dem Dichter Oronte, der ihm ein Sonett zur Beurteilung vorlegt, aus Höflichkeit zu schmeicheln: „J'ai le défaut d'être un peu plus sincère en cela qu'il ne faut."[57]

Schließlich muss er sich aufgrund dieses Urteils über das Sonett vor Gericht verantworten.[58] Célimène ist eine verwitwete Gesellschaftsdame, zu deren Verehrern ebenfalls Oronte, ein am Hof geschätzter Dichter, sowie Acaste und Clitandre, zwei Marquis, gehören. Zwar gesteht sie Alceste ihre Liebe, ist aber nicht bereit, auf den Besuch ihrer Verehrer zu verzichten. Alceste hat für die

---

[52] Molière: *Le Misanthrope*; S. 30.
[53] Grimm: Molière; S. 126.
[54] Molière: *Le Misanthrope*; S. 30.
[55] Bahners: *Erläuterungen zu Molière*; S. 51 f.
[56] Molière: *Le Misanthrope*; S. 31-43.
[57] Molière: *Le Misanthrope*; S. 47.
[58] Molière: *Le Misanthrope*; S. 76-78 (Acte II, Scène 6).

anderen Verehrer, die ihre spöttischen Reden über während einer Salonkonversation abwesenden Personen[59], beklatschen, nur Verachtung übrig.[60] Durch einen Brief kommt ans Licht, dass sie mit ihren Verehrern, einschließlich Alceste, nur spielt und sich über sie amüsiert. Als sich alle von ihr abwenden, bleibt nur Alceste zurück.[61] In einer erregten Auseinandersetzung zwischen Célimène und Alceste kommt es schließlich zu einer Aussöhnung: Alceste erklärt Célimène seine Liebe und überschüttet sie zugleich mit Vorwürfen und sonderbaren Wünschen: Hässlich, arm, ohne gesellschaftlichen Rang solle sie sein, um alles seiner Liebe zu verdanken.[62]

Erstmals kommt es zu einem Gespräch zwischen den Liebenden, das nicht unterbrochen wird: Von Anfang an hegte er neben dem Wunsch der Heirat auch den Wunsch, die Gesellschaft zu verlassen, für die er nicht geschaffen scheint. Alceste will Célimène verzeihen, wenn sie ihm in die Einsamkeit folgt. Sie lehnt ab und Alceste zieht sich allein auf das Land zurück.[63]

Interpretation

Le Misanthrope ist ein anspruchsvolles Stück mit wenig farcenhaften Elementen. Molière wendet zudem in einigen seiner Komödien die Regeln dramatischer Konzentration der Tragödie an: So besteht der Handlungsablauf in der Aufhebung einer Entscheidung, die die Krise hervorgerufen hatte. Das Interesse Molières gilt dabei dem Konflikt der Gefühle oder Ideen und dem jeweiligen moralischen Anliegen bzw. einem etablierten Normbewusstsein, das er radikal in Frage stellt. Demnach vollzieht sich die eigentliche Handlung fast ausschließlich in Reden und Diskussionen, und es ist die Sprache, die die innere Wahrheit der Figuren am unmittelbarsten ausdrückt.[64]

Molière stellt die Menschen von ihrer lächerlichen Seite dar. Das Lächerliche sanktioniert hierbei gesellschaftliches Fehlverhalten, und trifft vor allem die höfische Existenz, in der das Verhalten von der Kenntnis der Regeln und von deren richtiger Anwendung abhängt.

---

[59] Molière: *Le Misanthrope*; S. 65-74 (Acte II Scène 4).
[60] Molière: *Le Misanthrope*; S. 58-61 (Acte II, Scène 1).
[61] Molière: *Le Misanthrope*; S. 103-107 (Acte IV, Scène 2).
[62] Molière: *Le Misanthrope*; S. 107-114 (Acte IV, Scène 3).
[63] Molière: *Le Misanthrope*; S. 128-137 (Acte V, Scène 3).
[64] Bahners: *Erläuterungen zu Molière*; S. 17 f.

Bei Molière besteht der Konflikt im Verfehlen der inneren Ausgeglichenheit und Harmonie von Gesellschaft und Individuum, die das Ideal des „honnête homme" kennzeichnet.

Der Konflikt zwischen dem Protagonisten der Komödie und seiner Gegenspieler beruht auf ein Missachten von Regeln des Zusammenlebens und ist im Prinzip meist lösbar.[65]

Einführung der komischen Konfliktsituation in Le Misanthrope

Bei *Le Misanthrope* handelt es sich primär um eine Charakterkomik, die aus dem Konflikt eines Einzelnen mit seiner Umwelt resultiert. Komik besteht hier in der Diskrepanz zwischen einer direkt oder indirekt vergegenwärtigten Norm und der Abweichung von ihr. Die Komödie von Molière stellt die höchste gesellschaftliche Ordnungsform in Frage.

Ihr zugrunde liegt eine Abweichung vom Idealtypus, von der herrschenden Tugendordnung. So repräsentiert Philinte die gültige Norm der „honnêteté", während Alceste aus seiner Sicht ein Abweichler ist. Die Komik entsteht nun aus dem Bemühen, die aus der Normverletzung resultierende Spannung zu entspannen. Dies gilt besonders für jene Passagen, in denen Alceste Célimène zu einer endgültigen Stellungnahme zwingen möchte, dann aber durch neu hinzukommende Gäste unterbrochen wird.[66]

Das aufkommende Lachen hat dabei niemals die Funktion einer Katharsis, sondern in ihm schwingt immer auch Sympathie und Bedauern über den Gegenstand dieses Lachens mit.[67]

Personenkonstellation

Die Charaktermerkmale von Alceste und Philinte stehen in direkter Opposition zueinander: Alceste vertritt eine kompromisslose „pleine franchise", Philinte eine begrenzte „franchise"; Alceste fordert die absolute „raison"[68], Philinte eine „parfaite raison"[69], die sich den jeweiligen Umständen anpasst und daher „traitable" ist.

---

[65] Bahners: *Erläuterungen zu Molière*; S. 45 f.
[66] Molière: *Le Misanthrope*; S. 61 (V. 531 f.), S. 74-78 (V. 741-776) und S. 114 (V. 1433 ff.).
[67] Grimm: *Molière*; S. 135.
[68] Molière: *Le Misanthrope*; S. 39 (V. 187).
[69] Molière: *Le Misanthrope*; S. 38 (V. 151).

Alceste

Alceste ist der lächerliche Protagonist des Stückes: Alceste, der dem gesellschaftlichen Verhalten zur Zeit Molières einen kritisch-satirischen Spiegel vorhält, wird seinerseits Gegenstand des Gelächters.[70] Die Lächerlichkeit Alcestes beruhe auf der Starrheit seiner Tugendvorstellung und er bleibt lächerlich, so lange er sich nicht aus der dadurch bedingten Isolation lösen kann.[71] Alceste vertritt den Grundsatz absoluter Aufrichtigkeit, den es ungeachtet aller möglichen Konsequenzen zu verwirklichen gilt und der ihm von Anfang an die Scheinhöflichkeit in dem Salon von Célimène, in dem die Lüge zum guten Ton gehört, in einem schlechten Licht erscheinen lässt[72]:

> „Et qui n'a pas le don de cacher ce qu'il pense Doit faire en ce pays fort peu de résidence."[73]

Seine Unfähigkeit zu jeglicher Kompromissbereitschaft, trennt ihn von den „honnêtes gens", denen Philinte am nächsten kommt. Alceste verstößt mit seiner ständigen Kritik vor allem gegen das Maßhalten und wirkt dadurch lächerlich.[74] Sein Anspruch auf unbedingte Wahrhaftigkeit, und seine maßlosen moralischen Forderungen machen ihn ebenso lächerlich wie seine Verehrung für die kokette Célimène. Seine Beziehung zu ihr führt zum komischen Gegensatz, der im vollständigen Originaltitel zum Ausdruck kommt. Im Prozess gegen Oronte nimmt Alceste sein Urteil nicht zurück, erkennt Oronte aber als „homme de qualité" an.[75]

Alceste ist der „homme d'honneur"[76], der auf persönliche Anerkennung und Wertschätzung Wert legt: „Je veux qu'on me distingue"[77].

Philinte

Diesem schonungslosen Kritiker einer verlogenen und korrupten Gesellschaft steht in der Figur des getreuen Freundes Philinte das Idealbild eines „honnête homme" gegenüber, der noch die alten Tugenden vertritt: Treue, Ehre, weises

---

[70] Grimm: *Molière*; S. 131.
[71] Grimm: *Molière*; S. 176.
[72] Molière: *Le Misanthrope*; S. 43-56 (Acte I, Scène 2).
[73] Molière: *Le Misanthrope*; S. 96.
[74] Bahners: *Erläuterungen zu Molière*; S. 52 f.
[75] Molière: *Le Misanthrope*; S. 100-103 (Acte IV, Scène 1).
[76] Molière: *Le Misanthrope*; S. 32 (V. 16 und V. 35) und S. 137 (V. 1804 ff.).
[77] Molière: *Le Misanthrope*; S. 34 (V. 63).

Maßhalten und anständiges Verhalten. Er besitzt die Bereitschaft, besonnen zu urteilen und nach einem vertretbaren Kompromiss zu suchen.

Zwar erkennt Philinte auch die Missstände seiner Zeit und tadelt die übertriebenen Koketterie Célimènes. Er weiß aber, dass es keine Lösung ist, ohne Rücksicht seine ehrliche Meinung abzugeben. Die Höflichkeit ist eine gesellschaftliche Tugend. Philinte hält nichts von dieser übertriebenen Ehrlichkeit und der damit intendierten Weltverbesserung. Er versucht immer wieder Alceste zur Vernunft zu bringen, aber vergeblich.

Alle Philinte zugeschriebenen Attribute weisen ihn auf den ersten Blick als einen der mäßigenden „raison" verpflichteten, allen Extremen abgeneigten „honnête homme" aus, dessen Lebensraum die höfische Gesellschaft ist, auch wenn er nicht direkt mit dem Begriff des „honnête homme" in Verbindung gebracht wird. So kennzeichnet ihn die „bienséance"[78], die die „complaisance"[79] mit einschließt.

Beide garantieren Mäßigung und Anpassung, die vor allem in der Verabsolutierung einer „vertu traitable" und einer eingeschränkten „franchise"[80] ihren Ausdruck findet.

Philinte ist der Repräsentant einer Ideologie der vollkommenen Anpassung, wie die Etikette am Hofe Ludwigs XIV. sie erforderte.[81] Für Philinte gehören Schwächen zur menschlichen Natur; Anpassung und Verstellung sind für ihn notwendige Vorrausetzungen des Zusammenlebens in einer Gemeinschaft. Er vertritt die für die höfische Gesellschaft verbindliche Norm der „honnêteté".[82]

Normenkonflikt

Normalerweise kommt es in der klassischen Komödie zu der Darstellung eines Vater-Sohn- Konflikts, wobei der Vater die Ordnung verkörpert. Dieser Rahmen fehlt hier völlig. Es gibt keine äußere Distanz, sondern die Figuren vertreten diese Norm automatisch durch ihr Verhalten. Der Adel sieht die Norm als Grundlage seines Selbstverständnisses und Molière karikatiert diese Selbstverpflichtung.

Schlüsselbegriff ist „la cour et la ville"[83], das für diese Epoche charakteristische Publikum bestehend aus der königlichen Familie, dem Hofadel und dem zu

---

[78] Molière: *Le Misanthrope*; S. 34 (V. 77).
[79] Molière: *Le Misanthrope*; S. 37 (V. 120 und V. 123).
[80] Molière: *Le Misanthrope*; S. 34 (V. 73).
[81] Grimm: *Molière*; S. 127 f.
[82] Grimm: *Molière;* S. 134.
[83] Molière: *Le Misanthrope*; S. 35 (V. 89).

einflussreiche Ämtern gelangtem Bürgertum. Deren moralische und ästhetische Werte stellen zudem die komische Perspektive in dieser Komödie von Molière dar. Alles, was sich in Adel und Bürgertum deren Normen nicht anpasst, wird der Lächerlichkeit preisgegeben.[84]

Geltende Norm

Der gesellschaftlich-ideologische Rahmen, die Norm, die dem Personal dieses Stücks entspricht ist das gesellschaftliche Idealbild der „honnêteté", des „honnête homme". Dieser definiert sich durch die Achtung der anderen. Er ist ein gesellschaftlich definierter Typus, entspricht der Gesinnung des Adels. Die Entfaltung der eigenen Persönlichkeit wird von außen nach innen verlagert. Seine Standesmerkmale sind ästhetisiertes ritterliches Tun. Hof und König sind das Zentrum, von dem her sie sich selbst definieren, der Bezugspunkt, von dem sie ihre Identität festlegen. Für sie gilt Macht statt Ehre. Sie sind angewiesen auf die anderen und sehen von einer eigenen Form der Selbstverwirklichung ab. Diese Norm bildet die ideologische Basis für das ganze Stück. Die „honnêteté" ist die öffentliche Gesellschaftsnorm der „monde".

Der charakteristischer Raum sind entsprechend die Salons in Paris. Dies hat zur Folge, dass die Handlung auf das Sprechen reduziert wird, die Salons werden auch zu einem Ort der Bewährung wobei die Sprache als Waffe eingesetzt wird. So beweisen sich Clitandre und Acaste mit Worten und stellen damit den Typus des Prahlhanses dar. Oronte verhält sich ähnlich, und zieht seine Ehre aus dem Sonett. Das gesamte Stück stellt somit eine Momentaufnahme der damaligen Adelsgesellschaft dar.

Abweichung von der Norm

Das Problem ist, dass Alceste die Regeln tadellos beherrscht, das Wissen um die „honnêteté" als soziales Trugendmodell besitzt und das Standesbewusstsein verkörpert, dass die Gesellschaft auszeichnet. Zu einer Normabweichung im Sinne der Komödie kommt es, weil er sich darüber aufregt, dass alles, insbesondere das Lob nur Fassade sei, ein leer laufendes formales Verhalten, das perfekt gespielt wird. Zu dieser Abweichung kommt es gerade deswegen, weil er sie so gut kennt. Er bemerkt, dass mit der Norm, die alle verbindet, etwas nicht

---

[84] Grimm: *Molière*; S. 3.

mehr stimmt. Folglich verstößt er gegen die Norm und verweigert die gesellschaftliche Bestätigung.

Aber die Norm lässt es nicht zu, dass man an ihr Kritik übt oder am anderen und dessen Verhalten im Namen der „honnêteté". Somit darf man im Namen dieser Norm nicht „honnête" sein.

Molière konzentriert in seinem Protagonisten die unaufhebbaren Widersprüche jener Gesellschaft, die er am Hofe und in dessen Umkreis beobachten kann: die Notwendigkeit und den Willen zur Anpassung an eine übermächtige gesellschaftliche Norm und die Lächerlichkeit desjenigen, der sich wie Alceste vermeintlich höher stehenden, aber durch die gesellschaftlichen Entwicklungen überholten Vorstellungen verpflichtet fühlt.

Solchen Anpassungszwängen, wie sie durch die Darstellung der Figuren Orontes, Acastes und Clitandres lächerlich gemacht werden, stellt er in Alceste eine radikale Absage an die als unauthentisch empfundene Welt der höfischen Gesellschaft entgegen. Dem daran scheiternden Alceste ist ein gewisses Maß an Tragik nicht abzusprechen.

Es gibt demnach einerseits die Figur des Alceste, der in der Perspektive des nur noch mit Repräsentationsfunktionen ausgestatteten Hofadels lächerlich ist, weil er veralteten Wertvorstellungen nachträumt und diese krankhaft rechthaberisch durchsetzen möchte; und andererseits einen antizipatorischen Alceste, der die nivellierenden Folgen der Struktur der höfischen Gesellschaft schonungslos und hartnäckig aufzeigt und selbst angesichts eines Scheiterns noch künftiger Siege sicher zu sein scheint.[85]

Generationskonflikt

Dieser Konflikt zweier konkurrierender Wertsysteme weitet sich durch wiederholte Zeitopposition zu einem Generationenkonflikt aus. Alcestes unzeitgemässe „vertu" ist eine „vertu des vieux âges"[86], die sich durch „grande roideur" und „austère honneur"[87] auszeichnet und in krassem Gegensatz zur „anpassungsfähigen Tugend" der Gegenwart steht.

Durch die wiederholten Zeitoppositionen („les moeurs du temps" gegen „les vertus des vieux âges") wird zugleich der Konflikt zweier durch konkurrierende

---

[85] Grimm: *Molière*; S. 133.
[86] Molière: *Le Misanthrope*; S. 38 (V. 153).
[87] Molière: *Le Misanthrope*; S. 34 (V. 75).

Wertsysteme geprägter Generationen thematisiert. Mehrfach setzt sich Alceste mit Entschiedenheit von dem „méchant goût du siècle"[88] und den „vices du temps"[89] ab. Folglich ist die zeitlich bedingte Normenopposition zugleich eine Opposition der sozialen Orte: „le monde", „la cour" auf der einen Seite, repräsentiert im Salon Célimènes und durch die Mehrzahl der Protagonisten; und die Absage an diese Welt auf der anderen, repräsentiert durch Alceste[90], der sich schließlich in die Einsamkeit, „le désert" zurückzieht.[91]

Während Philinte und die Mehrzahl der Protagonisten jenen „honnête homme" verkörpern, der die in der Höfischen Gesellschaft herrschenden Konventionen und Normen verinnerlicht hat, stellt Alceste den Vertreter der Feudalaristokratie dar, die in der Fronde ein letztes Mal vergeblich gegen die drohende Entmachtung und einen entsprechenden politischen Funktionsverlust aufbegehrt hatte. Der Generationenkonflikt besteht daher in der Opposition zwischen dem domestizierten, im Umfeld von „la cour et la ville" lebenden Hofadel zu einem nicht anpassungsfähigen bzw. willigen Hochadel alter Provenienz, deren unterschiedliche Wertsysteme unversöhnlich aufeinander prallen.[92]

Liebeskonflikt

Der Liebeskonflikt ist der traditionelle Konflikt in der Komödie und damit eine der Grundvoraussetzungen für die Komödie. Mit dem Liebeskonflikt verbunden ist ein Heiratsprojekt. Eine Heirat bedeutet die Anerkennung der gesellschaftlichen Ordnung, sowie das Einbringen der Individualinteressen in die Interessen der Gemeinschaft. Das beschlossene Eheprojekt wird zahlreichen Hindernissen unterworfen, an deren Ende schließlich doch die Heirat steht.

Einführung des Heiratsprojekts

Die bisher deutlich gewordenen Oppositionen zeigen sich auch in den konkurrierenden Liebeskonzeptionen „Liebe als Leidenschaft" („passion") gegen „Vernunftliebe" („bon sens"). Für Alceste ist die Liebe unberechenbar, von Zufall

---

[88] Molière: *Le Misanthrope*; S. 51 (V. 389).
[89] Molière: *Le Misanthrope*; S. 33 (V. 59), S. 42 (V. 234) und S. 137 (V. 1804).
[90] Molière: *Le Misanthrope*; S. 95 (V. 1083 f.).
[91] Grimm: *Molière*; S. 128.
[92] Grimm: *Molière*; S. 129.

und Schicksal abhängig.[93] Demgegenüber ist die Verbindung Eliantes mit Philinte vernunftgesteuert, weist sich durch „sentiments traitables"[94] aus.[95]

Eine eindeutige Erklärung des Eheprojekts und eine eindeutige Antwort wird bei Molière immer wieder hinausgezögert. Célimène gibt ihm lediglich eine Art Versprechen.[96]

Insofern geht Molière auf die Erwartungen einer traditionellen Komödienhaltung ein und stellt das Projekt der Ehe bis zum Ende nie in Frage. Somit ist zwischen Alceste und Célimène eine Liebesrelation unter dem komödienbedingten Projekt einer Ehe gegeben, die dennoch vom Standard der Komödien abweicht.

Berechtigung des Heiratsprojekts

Célimène steht im Mittelpunkt der Figurenkonstellation. Sie und Alceste sind sich durch das Heiratsprojekt entsprechendem dem klassischen Komödienschema zugeordnet. Célimène selbst räumt Alceste gegenüber ihren anderen Verehrern eine privilegierte Stellung ein. Acaste, Clitandre und Oronte begehren sie ebenfalls. Célimène ist zwar nicht die geeignete Partnerin für sie, dennoch geht sie auf ihr Werben ein.

Das Eheprojekt zwischen den beiden ist insofern berechtigt, als dass beide die gleiche kritische Einstellung zur Gesellschaft vertreten. Dennoch gibt es Unterschiede: Alceste zeigt sich in seinem Verhalten der Gesellschaft gegenüber als scharfer und radikaler Kritiker, der zu allem entschlossen ist. Célimène dagegen verhält sich sehr scharfzüngig und analytisch, gehört dieser Gesellschaft aber zugleich an.[97] Somit zeigt sich eine unterschiedliche Form der Distanzierung zur Gesellschaft.

Scheitern des Heiratsprojekts

Der Entschluss Alcestes, ein Leben außerhalb der übrigen Gesellschaft zu führen steht im Gegensatz zu der in die Gesellschaft eingebetteten Liebeskonzeption Célimènes. Die Erfüllung absoluter Liebesansprüche, die zugleich die Erfüllung absoluter Existenzansprüche ist, ist in einer Gemeinschaft nicht tolerierbar, deren

---

[93] Molière: *Le Misanthrope*; S. 43 (V. 247 f.), S. 108 (V. 1309 ff.), S. 112 (V. 1381) und S. 113 (V. 1415 f.).
[94] Molière: *Le Misanthrope*; S. 77 (V. 766).
[95] Grimm: *Molière*; S. 129.
[96] Molière: *Le Misanthrope*; S. 60 (V. 503).
[97] Molière: *Le Misanthrope*; S. 66-67 (V. 568 ff.).

Leitbild der „honnête homme" ist: nur das vergesellschaftete Individuum wird anerkannt.

Das verabsolutierte Prinzip einer fatalistischen Liebe setzt auch das Individuum absolut, so dass ein Liebesanspruch entweder erfüllt werden oder scheitern muss. Alcestes Scheitern in der Liebe entspricht das Scheitern seiner unzeitgemäßen „vertu noble et héroïque".[98] Die Hindernisse liegen zum einen in den Figuren selbst und zum anderen sind sie begründet in Problemen mit der Umgebung.

---

[98] Grimm: *Molière;* S. 130.

Auflösung der komischen Konfliktsituation

Das Ziel der Ehe stellt die handlungsbildende Sequenz dar. Alceste verlangt eine Entscheidung, die ständig verschoben wird.[99]

Trotz seiner Bewegung hin zu Célimène rechnet er von Anfang an damit, dass es nicht so weit kommen könnte und hat bereits eine Alternative geplant für den Fall, dass sich Célimène nicht entscheidet.[100] Somit sind alle Versuche einer Aussprache mit Célimène auch verbunden mit einer Gegenbewegung, nämlich dem Plan, die Gesellschaft zu verlassen. Beide Tendenzen hängen von Célimène ab.

Letztendlich verwirklicht er sein Projekt, wie er es bereits in der ersten Szene entschieden hat. Alle anderen Szenen dienen lediglich als Erklärung für diese Entscheidung und zur Darstellung seiner Gründe. Die Komödie hat somit einen analytischen Charakter.

Am Ende steht fest, warum er die Gesellschaft verlässt.

Auflösung im Sinne der Komödientheorie

Alcestes Flucht aus dem Salon Célimènes in die Einsamkeit, sein gesellschaftliches Scheitern sind die Konsequenzen seiner Ablehnung der herrschenden Anpassungsideologie und seiner eigenen Individualnorm „sincérité", mit deren Parameter „coeur"[101].

Die Folge dieser Individualnorm ist gemäß einer negativen Fremdbewertung die „solitude" bzw. im Fall von Alceste die Flucht in die „désert". „sincérité" und honnêteté" sind zwei gleichsam legitime Ansprüche, die aber nicht zusammengehen. Damit wird auch die Thematik der Unvereinbarkeit der Ansprüche des einzelnen und der Gesellschaft angesprochen.

Alceste als „homme d'honneur" ist Repräsentant veralteter Tugendvorstellungen, die den stark höfisch geprägten Verhaltensnormen seiner unmittelbaren Gegenwart nicht mehr entsprechen.[102]

---

[99] Molière: *Le Misanthrope*; S. 42-43 (V. 240 ff.), S. 58 (V. 447 ff.), S. 118 (V. 1477 ff.), S. 126 (V. 1606 ff.).
[100] Molière: *Le Misanthrope*; S. 37 (V. 144).
[101] Molière: *Le Misanthrope*; S. 32 (V. 35 f.).
[102] Grimm: *Molière*; S. 131.

Seine Misanthropie ist die Folge des Umstands, dass sich seine Kritik gegen die für die Entwicklung des Absolutismus konstitutiven gesellschaftlichen Veränderungen richtet und somit von Anfang an chancenlos ist.[103] Philinte erscheint das Verhalten Alcestes als „maladie"[104]; sein Absolutheitswahn, seine unbedingte „franchise" und „sincérité" stempeln ihn zu einem zugleich lächerlichen und gefährlichen pathologischen Fall. Um nicht Opfer solch „krankhafter" Absolutheitsansprüche zu werden, kann die Gesellschaft Alceste zu ihrem eigenen Schutz nur verstoßen.[105] Célimène ist die Zentralfigur, da sie von mehreren Männern begehrt wird. Sie rechnet zwar mit der „honnêteté" ab, jedoch nicht mit ihrem eigenen Sincérité-Ideal.

In ihrem Salon schüttet sie Hohn und Spott über die Gesellschaft aus, und Alceste widerspricht diesen entlarvenden Tiraden nicht.

Ihr Verhalten entspricht dem Attribut der Uneigentlichkeit, es ist kein mit Überzeugungen gefülltes Prinzip. Den „homme de commun" gilt es auf alle Fälle zu vermeiden, es ist der Kult der Exklusivität, den sie anprangert (Selbstliebe, Hochmut,...) und die damit verbundene Scheinheiligkeit als Mittel zum Zweck der Auszeichnung. Sie erkennt zwar die Werte „coeur" und „sincérité" an, aber geht nicht den Weg der „solitude". Sie unterdrückt diese Absolutheit, aber grenzt sich dennoch zumindest gegen die Exklusivität ab. Sie möchte in der Gesellschaft leben, da sie zur Wahrung ihrer Interessen besonders auf einflussreiche Beziehungen angewiesen ist. Somit lebt und handelt sie zwar in den von der höfischen Gesellschaft gesetzten Verhaltenszwängen, wählt aber den Weg der inneren Emigration: Sie geht auf Distanz innerhalb der „honnêteté", sie verzichtet auf die Verwirklichung von „coeur" im Namen der Zugehörigkeit zu „monde", sie traut niemandem und fordert den Respekt von Alceste und den anderen Männern und hält sie damit ebenfalls auf Distanz.[106]

Abschließend kann man sagen, dass es zu keiner vermittelnden Lösung in dem Sinne des Konflikts kommt.

---

[103] Stenzel: *Molière und der Funktionswandel der Komödie im 17. Jahrhundert*; S. 197.
[104] Molière: *Le Misanthrope*; S. 36 (V. 105).
[105] Grimm: *Molière*; S. 132.
[106] Stenzel: *Molière und der Funktionswandel der Komödie im 17. Jahrhundert*; S. 194.

Le Misanthrope ou l'Atrabilaire amoureux (1666) als klassische Komödie

Le Misanthrope ou l'Atrabilaire amoureux widerspricht in einigen zentralen Kriterien der klassischen Komödientheorie. So bricht Molière mit der geforderten strengen Einhaltung der Ständeklausel, denn seine Hauptpersonen gehören entweder dem Großbürgertum oder dem niederen Adel an und haben alle Kontakt zum Hof: Acaste und Clitandre sind Marquis, Oronte verkehrt am königlichen Hof und auch Alceste könnte Höfling werden, wenn er wollte. Molière bildet mit der Verwendung seines Personals somit eine Ausnahme, ist die Komödie doch normalerweise der mittleren Schicht vorbehalten.[107]

Zudem entspricht die Handlung dem Personal: die Figuren haben alle keine staatstragende Funktion inne, sondern veranschaulichen lediglich den herrschenden Kodex. Maßgebend ist dabei der König. Ein Grund für die sparsame Handlung ist, dass die Darstellung einer adligen Gesellschaft gemäß der Komödientheorie nicht für derbe Effekte geeignet ist. Die Sprache im Stück entspricht ebenfalls dem sozialen Stand der Figuren.

Zudem wurde das Stück im Palais Royal in Paris von der königlichen Schauspieltruppe uraufgeführt.

Somit entsprach das Zielpublikum (König Ludwig der XIV. und sein Hof) zwar eher den Figuren im Stück, aber stellte keineswegs das für eine Komödie typische Publikum dar. Molière selbst nennt das Stück eine Komödie, es steht jedoch hart an der Grenze zum Tragischen. So nimmt das Stück kein gutes Ende, der Konflikt wird nicht aufgelöst und die Hauptfigur, Alceste zieht sich in die Einsamkeit zurück, ist nicht mehr integriert in die Gesellschaft. Damit fällt er vergleichsweise tief, ähnlich wie in einer Tragödie.

Indem das Lachen durch den als lächerlich und als maßlos übertreibend dargestellten Alceste hervorgerufen wird, erreicht Molière eine Abschwächung seiner Kritik am Hofe Ludwigs XIV. Letztendlich ist Alceste vergleichbar mit einem Hofnarr, der die Wahrheit sagen darf, ohne dass der König im Publikum beleidigt sein darf.

---

[107] Grimm: *Molière*; S. 126.

Schluss

Bei dem Stück von Molière handelt es sich zwar um eine französische Komödie der Klassik, jedoch entspricht ihr Aufbau und die komische Konfliktsituation nicht den anderen, typischen Komödien dieser Zeit. Im Vergleich zu Molières vorhergehenden Komödien ist die Darstellungsweise der Problemsituation eine neue[108], wie auch im Stück selbst angedeutet wird.[109] Die dramatische Konfliktsituation resultiert aus einer gesellschaftskritischen Darstellungsabsicht.[110]

Die Widersprüchlichkeit dieses Werkes spiegelt sich gleichfalls in der Sekundärliteratur wieder: so wird die Figur Alcestes auf der einen Seite als kompromissloser Moralist wahrgenommen und auf der anderen Seite als unverbesserlichen Egoisten. Philinte ist demnach entsprechend jeweils das positive oder negative Gegenbild.[111]

Die komische Konfliktsituation lässt sich in mehrere Konflikte unterteilen und so wird dieses Theaterstück auch zu einer Tragödie. Die Lächerlichkeit Alcestes gibt nirgends Anlass zu lautem Lachen, sondern höchstens zu einem solchen, das Anteil nimmt, in dem Zuneigung und Distanz zu Alcestes Maßlosigkeit in gleicher Weise mitschwingen.[112]

Insbesondere liegt dies am auffälligen Ende des Stückes, wo es nicht zu dem für die Komödie charakteristischen Ausgang kommt. Eine echte Auflösung der komischen Konfliktsituation bleibt aus.

---

[108] Stenzel: *Molière und der Funktionswandel der Komödie im 17. Jahrhundert*; S. 195.
[109] Molière: *Le Misanthrope*; S. 35 f. (V. 97 ff.).
[110] Stenzel: *Molière und der Funktionswandel der Komödie im 17. Jahrhundert*; S. 194.
[111] Stenzel: *Molière und der Funktionswandel der Komödie im 17. Jahrhundert*; S. 192 f.
[112] Grimm: *Molière*; S. 134-135.

Literaturverzeichnis

Primärliteratur

Jaubert, Laurent: *Traité du Ris.*

Molière: *La Critique de l'Ecole des Femmes.*

Molière: *Le Misanthrope ou l'Atrabilaire amoureux.* Classiques Bordas. Paris 2003.

Sekundärliteratur

Bahners, Klaus: *Erläuterungen zu Molière. Der Menschenfeind. Der eingebildete Kranke.* Königs Erläuterungen und Materialien, Band 346/347. Hollfeld 1985.

Grimm, Jürgen: *Molière.* Sammlung Metzler, Band 212. Stuttgart [u.a.] ²2002.

Stenzel, Hartmut: *Molière und der Funktionswandel der Komödie im 17. Jahrhundert.* München 1987.

Frank Lorenz: Molière „Le Misanthrope". Die Frauenfiguren.

Einleitung

In Molières Stück *Le Misanthrope* wird die Handlung durch den Konflikt von Alceste, dem Menschenfeind und Célimène, seiner Angebeteten, die jedoch alles andere als männerfeindlich ist, getragen und durch die Frage nach gesellschaftlichen Werten, auf denen die Spannung zwischen beiden basiert.

Wenn auch in Molières anderen Stücken Frauen Hauptrollen tragen, so ist doch auffällig, dass in *Le Misanthrope* die Frauenfiguren einen wichtigen Teil im Aufbau des Stückes haben. Anglade spricht sogar von einem „drame féminin du Misanthrope". So sind die Charaktere nicht zeitlos flach, sondern alle drei Frauen stellen einen gewissen Typus der damaligen Gesellschaft dar und haben sich auf ihre Art den gesellschaftlichen Konventionen angepasst.

Diese Frauenfiguren zu beleuchten, ist Ziel dieser Arbeit.

In der Literatur ist auffällig, dass *Le Misanthrope* zwar oft als Molières größtes Stück angesehen wird, bei der Rezeption des Stückes die Frauen jedoch im Vergleich zu Alceste, dessen kontroverse Position viel diskutiert ist, doch eher verblassen. Sicherlich kommt dem männlichen Protagonisten eine wichtige Rolle zu, schon weil man sich fragen muss, ob dieser Charakter eher komisch oder tragisch zu verstehen ist. Als Gegenstück zu Alceste ist aber Célimène mindestens genauso interessant wie Philinte, wenn nicht sogar wichtiger. Wo Alceste gegen die Gesellschaft ankämpft, ist Philinte zwar ein angepasster Vertreter seiner Zeit, Célimène jedoch geht in der Gesellschaft auf und lebt in gewisser Weise für sie.

Die drei Frauenfiguren des Misanthrope

Célimène, la coquette

Célimène ist sicherlich die zentrale Frauenfigur in *Le Misanthrope*, schon da ihr Salon den Rahmen für die Handlung bietet. Célimène ist Gastgeberin für Vertreter des höheren Bürgertums und des niederen Adels mit guten Beziehungen zum Hof – Aspiranten auf Célimènes Gunst.

Auch wenn Célimène erstmals im zweiten Akt erscheint, so erfahren wird doch vorher durch Alceste im Gespräch mit Philinte, dass Célimène eine junge Witwe ist (Vers 225). Dies ist insofern wichtig, als es ihr eine Freiheit in ihrer Koketterie gibt, die sie weder als verheiratete Frau noch als *jeune fille* hätte: „Elle (une veuve) a la liberté de déplonger toute la séduction féminine". (Duchêne, S. 167)

Ihr genaues Alter, zwanzig Jahre, gibt Célimène im Gespräch mit Arsinoé selbst preis (Vers 984) und rechtfertigt darin ihr kokettes Verhalten gegenüber den Männern: Prüde sein könne sie schließlich später auch noch („L'âge amènera tout", Vers 983).

Wie Philinte bereits in der ersten Szene herausstellt (Vers 219), erfreut sich Célimène der Koketterie und der Médisance, dem Schlechtreden über nicht Anwesende zur Belustigung, was seinerzeit in den Salons durchaus üblich war. Ein besonders deutliches Beispiel davon gibt Célimène in der *Scène des portraits* (Verse 567 ff), in der Célimène nicht nur verschiedene Personen karikiert, sondern, als Alceste Einspruch dagegen erhebt, auch ihn selbst (Vers 699).

In dieser Eigenschaft steht sie im deutlichen Gegensatz zu Alceste. Während Alceste auf Aufrichtigkeit besteht, ist dies Célimène nicht nur fremd in ihrem Handeln, sie ist auch gar nicht Willens dazu. Alceste, der auch in der Liebe Aufrichtigkeit fordert und dass man somit sich jeweils nur einer Person widmet, erntet, als er dies Célimène vorwirft, nur Unverständnis:

«Des amants que je fais me rendez–vous coupable?
Puis–je empêcher les gens de me trouver aimable?
Et lorsque pour me voir ils font de doux efforts,
Dois–je prendre un bâton pour les mettre dehors?»

(Verse 461 ff)

Wenn Célimène Alceste auch lieben mag, so sind ihr seine Alleinigkeits– und Moralansprüche doch offensichtlich zuwider. Außer dem erwähnten Vorfall, als Célimène Alceste auf seine Missbilligung hin in ihre zynische Portraitierung einbezieht, finden sich weitere Stellen, an denen Célimènes Ungehaltenheit deutlich wird. So besteht sie schließlich im Gespräch mit Alceste, der ihr vorwirft, sie habe einen Brief an Oronte geschrieben, darauf, dieser sei tatsächlich für Oronte bestimmt gewesen (Vers 1365), gleichwohl sie dies zuvor abgestritten hatte.

Célimènes Streben, gefallen zu wollen und zu einem gewissen Grad die Naivität ihrer Jugend, die sie das Gesellschaftsspiel der Médisance zu weit treiben lassen, bringen sie schließlich im letzten Akt zu Fall. Es kann jedoch davon ausgegangen werden, dass sie an dieser kurzen Demütigung nicht allzu lange leiden wird.

Arsinoé, la fausse prude

Die prüde Arsinoé, wie Philinte sie in der ersten Szene bezeichnet (Vers 216), erfährt vor ihrem ersten Auftreten eine kritische Charakterisierung durch Célimène (Verse 854 ff).

Arsinoé erinnert durch ihre zur Schau gestellten Prüderie an Tartuffe: Wie Célimène herausstellt, stimmen Arsinoés prüde Ansichten nicht mit ihrem tatsächlichen Handeln überein, sondern dienen allein der Erregung von Aufmerksamkeit und, wenn man so weit gehen möchte, v.a. der Aufmerksamkeit männlicher Vertreter der Gesellschaft. Ein Grund hierfür ist sicherlich Arsinoés verblühte Jugend, die ihr nicht mehr die gewünschte Aufmerksamkeit zukommen lässt und die Möglichkeit des Kokettierens außer Frage stellt. Dies bestätigt sich durch Arsinoés verbitterte Reaktion auf Célimènes Anspielung auf ihr eigenes Alter, die diese Strategie durchschaut hat (Verse 975–990).

Im Gespräch mit Célimène, die ihre Rivalin um die Gunst Alcestes ist, und in dem sich beide ihre Untugenden vorwerfen, zeigt sich Célimène doch wesentlich wortgewandter und Arsinoé gibt nur ein klägliches Bild ab. „Da ihr welkender Charme [...] ihre hinterhältigen Zwischenträgereien nicht mehr mit dem Glanz verführerischer Persönlichkeit überstrahlt, wirkt sie widerlich und schleimig." (Hösle, S. 206)

Generell kann man sagen, dass sich Arsinoé vor allem durch ihre Intrigen auszeichnet und dadurch ihre Ziele, wie z.B. Alceste zu verführen, verfolgt. Mit Geschick schafft sie es, die Ereignisse zu ihren Gunsten zu lenken: „(Elle) appartient à cette sorte de gens qu'il a appelés les faux–monnayeurs. Elle ne cesse de tricher." (Adam, S. 759)

Letztendlich gelingt es ihr aber nicht, Alceste für sich zu gewinnen.

Éliante, l'honnête femme

Éliante ist in *Le Misanthrope* die Frauenfigur, über die der Leser respektive Zuschauer am wenigsten erfährt. Man kann sie am besten als „dramaturgischen Gegenpol zu Célimène und Arsinoé und als weiblichen Gegenpart zu Philinte" (Grimm, S. 117) begreifen.

Éliante verkörpert dabei Aufrichtigkeit und Vernunft. So liebt sie Alceste, ist aber dennoch bereit, ihre Liebe für eine andere aufzugeben:

> «Je ne m'oppose point à toute sa tendresse;
>
> Au contraire, mon cœur pour elle s'intéresse;
>
> Et si c'était qu'à moi la chose pût tenir,
>
> Moi-même à ce qu'il aime on me verrait l'unir.
>
> Mais dans un tel choix, comme tout se peut faire,
>
> Son amour éprouvait quelque destin contraire,
>
> S'il fallait que d'un autre on couronnât les feux,
>
> Je pourrais me résoudre à recevoir ses vœux;
>
> Et le refus souffert, en pareille occurrence,
>
> Ne m'y ferait trouver aucune répugnance.»
>
> (Verse 1193 ff)

Mit diesem Vernunftgedanken steht Éliante Célimène und Arsinoé, deren Heuchelei von Alceste kritisiert wird, gegenüber. Während die beiden anderen Frauen, sei es durch Koketterie und Médisance oder aber durch Prüderie und Zwischenhältereien glänzen und im Mittelpunkt stehen wollen, verkörpert Éliante mehr noch als Philinte die Einsicht.

Éliante ist in dieser Eigenschaft Alceste mit seiner Forderung nach Aufrichtigkeit sicher am nächsten, jedoch nicht in seiner Besessenheit, diese durchzusetzen. Dies wird deutlich, als Alceste Éliante einen Heiratsantrag macht, um Célimène dadurch zu kränken und Éliante diesen ablehnt, obwohl sie Alceste liebt. (Verse 1259 ff)

Éliantes Handlungen werden genauso von Vernunft regiert wie ihre Gefühle. Man behält den Eindruck, die Hochzeit zwischen Éliante und Philinte basiert ebenfalls auf diesem Gedanken wie der Entschluss, man müsse Alceste davon abhalten, ins Exil zu gehen und ihm helfen, sich wieder in die Gesellschaft zu integrieren.

Die Beziehungen der Frauen zueinander

Betrachtet man die Beziehungen der Frauen untereinander, fällt in erster Linie der Konflikt zwischen Célimène und Arsinoé ins Auge. Grund ist einerseits ihre Rivalität um Alceste, vor allem aber ihre Wesensgleichheit. Wenn auch jeweils auf eine andere Weise, wollen doch beide im Mittelpunkt stehen und verehrt werden. Dass Célimène dies mühelos gelingt, kann bei Arsinoé nur Missgunst erzeugen, während Célimène ihrerseits von Arsinoé nur gelangweilt ist.

Éliante liebt zwar Alceste ebenfalls, stellt ihre Ansprüche jedoch zugunsten Célimènes zurück. Generell ist sie als Cousine Célimènes auf deren Seite, enthält sich aber ihrer Spielchen. So karikiert sie in der *Scène des portraits* keine konkrete Person, sondern beschreibt nur die Liebe generell.

Die Gesellschaft des 17. Jahrhunderts

Um die Figuren Molières großer Komödie zu verstehen, ist es wichtig sich die gesellschaftlichen Verhältnisse zu vergegenwärtigen, vor allem natürlich in den höheren Schichten: wir befinden uns noch vor 1789 und Molières Publikum ist vor allem bei „la cour" zu suchen, dessen Geschmack meist ebenfalls maßgebend für „la ville" war.

Die Zeit ist noch von den Wirren der Fronde geprägt, in der sich der Adel gegen seine politische Entmachtung auflehnte. Mit dem Tode des herrschenden Kardinals Mazarin übernimmt Ludwig XIV die Regentschaft und Frankreich hat nach langer Zeit wieder einen König. Unter Ludwig XIV erlebt die Kultur in Frankreich eine regelrechte Blüte und wurde sogar als Prestige gefördert.

Auf der sozialen Ebene befinden wir uns in der Zeit der Salons, die Angelpunkt des gesellschaftlichen Lebens waren und durchaus kulturell maßgebend waren.

Vom moralischen Standpunkt orientierte sich das 17. Jahrhundert noch sehr an den strikten Werten der vorangehenden Jahrhunderte.

Die Stellung der Frau

Wenn auch wie gesagt Moralvorstellungen noch denen der vergangenen Jahrhunderte folgten, so war die Frage zur gesellschaftlichen Stellung der Frau zumindest bereits in der Diskussion:

„Le XVIIe siècle tout entier a témoigné le même intérêt pour l'aspect social de la question féminine que pour son aspect moral." (Bénichou, S. 311)

Die damalige Gesellschaft war dennoch eindeutig männlich dominiert und die gesellschaftliche Stellung der Frau keineswegs gesichert:

«Ils (les moralistes) condamnent la parure, la coquetterie, les visites, les lectures, la correspondance, font de la chasteté, presque de l'absence de tout désir spontané en tout domaine, l'unique vertu féminine préconisent une obéissance entière au mari, voire un comportement servile devant ses colères ou sa mauvaise humeur.» (Bénichou, S. 311)

Wenn auch an eine Gleichstellung noch lange nicht zu denken war, so war doch eine Emanzipation der Frauen zu verzeichnen, die sich den schönen Künsten widmeten und sich ihrer selbst bewusster wurden:

«L'opinion publique s'empare des questions de l'instruction et de l'éducation des femmes qui, de leur côté, commencent à prendre conscience de ce qu'elles valent, de ce qu'elles peuvent, de ce qui leur est dû.» (Anglade)

Die Frauen der mondänen Gesellschaft hatten sich gerade im Bereich, den man salopp Freizeitgestaltung nennen mag, ihre eigenen Freiheiten erkämpft. So besuchten sie beispielsweise Salons ohne Begleitung ihres Mannes und entschieden selbst über die Gesellschaft, die sie pflegten. Daraus ergab sich, dass Eifersuchtsszenen, wie man sie von Alceste mit seinem Alleinigkeitsanspruch erwarten könnte, außer Mode waren und Alceste eigentlich einen Typ verkörpert, der keine Rechtfertigung mehr besitzt:

> «En effet le type du jaloux séquestreur et persécuteur était généralement tenu pour ridicule, surtout dans la société mondaine, où les femmes, avec l'habitude de la dépense et des plaisir, avaient acquis jusqu'à un certain point le droit de se conduire elles–mêmes» (Bénichou, S. 316)

Die Frauen in der Gesellschaft ihrer Zeit

Die Figuren in *Le Misanthrope* sind keine zeitlosen Charaktere, sondern in ihnen spiegeln sich in hohem Maße die gesellschaftlichen Verhältnisse des 17. Jahrhunderts in Frankreich wider:

> «Dans le Misanthrope, l'auteur aborde sérieusement les grands problèmes moraux, les attitudes de l'individualité et de la société, problèmes aussi complexes qu'irrésolus. Au cours des scènes défilent les personnages [...] représentant la réalité sous le biais de l'imitation.» (Mishriky, S.75)

Zur Zeit des Stückes charakterisierte sich das höhere Bürgertum unter dem Einfluss des Hofes durch einen von Konventionen geprägten Formalismus. Mit Alceste schuf Molière einen Charakter, der durch seine Forderung nach absoluter Aufrichtigkeit gegen diese Konventionen strebt und mit seiner sturen Determiniertheit, diese durchzusetzen, zum Scheitern bestimmt ist.

In Bezug auf die Akzeptanz der gesellschaftlichen Verhältnisse steht Alceste vor allem Éliante von den Protagonistinnen gegenüber. Éliante scheint weniger den gesellschaftlichen Gegebenheiten verpflichtet, sondern folgt in ihrem Handeln vielmehr den Idealen des «honnête homme», die Molières Kategorien «raison, mesure et nature» gleichkommen. (vgl. Bühler, S. 279) Dies erhebt sie in gewisser Weise über den Rahmen gesellschaftlicher Konventionen, ohne dass diese dadurch verletzt würden. Éliante steht in Harmonie mit der Gesellschaft, da sie auch keinen Anspruch erhebt, sich dieser entgegenzustellen:

> „Die das richtige und goldene Mittelmaß verkörpernden Éliante und Philinte [...] verkörpern aufs vollkommenste das Ideal des sich den Gegebenheiten fügenden und den jeweiligen Umständen anpassenden «honnête homme» und seiner weiblichen Entsprechung." (Hösle, S. 209)

Éliante ist in diesem Sinne nicht eng mit der Gesellschaft verwurzelt, es ist ihr aber dennoch möglich, diese zu akzeptieren und nach den gegebenen Konventionen zu leben.

Arsinoé und Célimène sind sich in ihrem Verhalten insofern ähnlich, als dass beide eine Möglichkeit gefunden haben, sich gegenüber der Männerwelt zu behaupten. (Grimm, S. 117)

Célimène ist „bestechend [...] [in] ihre[r] Fähigkeit, sich in der Wahl ihrer Worte und im Ton ihren Gesprächspartnern anzupassen, was sie grundsätzlich mit Don Juan verbindet." (Bühler, S. 284) Sie nutzt diese Wortgewandtheit beim Kokettieren oder beim Entwerfen von Portraits, um sich geschickt in den

Mittelpunkt zu rücken und ihre Aspiranten bei Laune zu halten, deren Gesellschaft sie genießt, ohne sich aber auf einen Anwärter festzulegen.

Dieses Verhalten ist von einem emanzipatorischen Standpunkt recht fortgeschritten, wenn auch nicht ungefährlich. Anglade bezeichnet Célimène sogar als repräsentative Figur des damaligen Feminismus: Célimène zeigt sich als Frau, die die Gesellschaft von Männern genießt, aber ihre Freiheit bis zum Ende behalten will. Selbst als sie von Oronte und Alceste im fünften Akt genötigt wird, sich zwischen beiden zu entscheiden, flüchtet Célimène sich in Ausflüchte und will letztendlich die Entscheidung Éliante überlassen (Verse 1653 ff).

1666, als *Le Misanthrope* uraufgeführt wurde, stand der Gedanke einer «union libre» außer Frage (vgl. Anglade) und Célimènes Verhalten ist daher unter heutigem Gesichtspunkt als fortschrittlich, wenn auch gewagt einzustufen und konnte damals nur als verrufen gelten.

Wie man nun Célimènes Lebenswandel auch moralisch einstufen mag, er bindet sie jedenfalls an die Gesellschaft und macht sie einen Teil von ihr. Wenn auch widergespiegelt im Zynismus und der Boshaftigkeit Célimènes davon auszugehen ist, dass „Célimènes Sicht der Gesellschaft [...] ebenso illusionslos wie diejenige Alcestes (ist)" (Köhler, S. 76), so ist ihr das Leben, in der Art, wie sie es führt, doch nur in eben dieser Gesellschaft möglich. „Ihre Natur kann sich nur dort entfalten, wo sie wirklich zu Hause ist, nämlich in der mondänen Gesellschaft" (Köhler, S. 78) Deshalb kann sie auch das Angebot Alcestes, mit ihr in die Einsamkeit zu flüchten, nur ausschlagen. (Verse 1774 ff)

Célimene ist nicht nur Teil der Gesellschaft, als ‚Kokette' stellt sie regelrecht einen Typus derer dar: „La coquette était devenu un type de la vie sociale et de la vie littéraire." (Adam, S. 759)

Auch Arsinoé ist in der Gesellschaft verankert. Sie ist in den Salons der mondänen Gesellschaft zuhause und lebt von der Aufmerksamkeit, die ihr andere zubringen.

In ihrem Sein ist Arsinoé allerdings durchaus nicht naiv, zieht man beispielsweise Éliante als Vergleich heran, die die Gesellschaft wie sie ist hinnimmt, „sondern (Molière) hat ihr genug Scharfsinn mitgegeben, die anderen bloßzustellen" (Köhler, S.76), was sie grundsätzlich mit Célimène verbindet.

Wie Célimène ist auch Arsinoé ein ‚Produkt der Gesellschaft', insofern als sie deren formelle Konventionen akzeptiert hat und sich danach richtet. Auch sie strebt nicht wie Alceste gegen die Gesellschaft an, sondern verkörpert einen Typus derer. Arsinoé bringt sich durch Médisance und prüde Ansichten in den Vordergrund und Basis hierfür stellt die Gesellschaft dar, die sie umgibt.

Was allen drei Frauen gemeinsam haben, ist, dass der Autor ihnen eine Persönlichkeit und eigene Meinung erlaubt. Die Frauen sind nicht nur flache Figuren, die dazu dienen, die Handlung voranzutreiben, sie beziehen deutlich Position zu Fragen des Lebens und der Gesellschaft, ja, bringen selbst Kritik an dieser an, beispielsweise Célimène in ihren bissigen Portraits, die zwar hauptsächlich der Belustigung dienen, aber mehr ahnen lassen.

Die Frauen sind keine Typen Molières Theaters, oder gar der *Commedia dell'arte*. Sie sind nicht ‚die Tochter, die gegen den Willen des Vaters heiraten will'. Die Charaktere sind eigenständige Persönlichkeiten, die ein Teil der Gesellschaft sind und hier ihren Platz behaupten.

Schlussworte

Mehr als in vielen seiner anderen Stücke hat Molière mit den Frauenfiguren in *Le Misanthrope* konkrete Charaktere geschaffen, die ihre Basis in der damaligen Gesellschaft finden. Sie sind nicht komisch, dass man über sie lachen könnte, ohne nachdenklich zu werden. Man darf schon an vielen Stellen lachen, aber da die Charaktere in der damaligen Realität gefunden werden konnten, mussten sich zumindest damals die Zuschauer fragen, inwiefern sie nicht ebenfalls wie die Personen der Komödie wirken.

Es ist sicher zu einfach, *Le Misanthrope* als Charakterkomödie abzutun. Dies entspräche nicht dem damaligen Zeitgeist und Molières Anliegen. Dennoch verarbeitet Molière in den Frauenfiguren des *Misanthrope* geschickt gesellschaftliche Phänomene und setzt diese im Aufbau seines Stückes um.

Bibliographie

Molière. *Œuvres complètes III*. Paris: Garnier–Flammarion, 1979.

Adam, Antoine. *Histoire de la littérature française au XVIIe siècle: Tome II*. Paris: Éditions Albin Michel, 1997.

Baader, Renate. *Das Frauenbild im literarischen Frankreich: Vom Mittelalter bis zur Gegenwart*. Darmstadt: Wissenschaftliche Buchgesllschaft, 1988.

Bénichou, Paul. *Morales du grand siècle*. Éditions Gallimard, 1948.

Bühler, Heinrich. „Molière – Le Misanthrope". *Das Französische Theater I*. ed. Jürgen von Stackelberg. Düsseldorf: August Bagel Verlag, 1968.

Duchêne, Roger. „La veuve au XVIIe siècle". *Onze études sur l'image de la femme dans la littérature française du dix–septième siècle*. ed. Wolfgang Reiner. Tübingen: TBL–Verlag–Narr; Paris: Place, 1978.

Grimm, Jürgen. *Molière*. Stuttgart: Metzler, 1984.

Hösle, Johannes. *Molière – Sein Leben · sein Werk · seine Zeit*. München: Serie Piper, 1992.

Köhler, Erich. *Vorlesungen zur Geschichte der Französischen Literatur: Klassik II*. Stuttgart: Kohlhammer, 1983.

Mishriky, Salwa Elias. *Le Misanthrope ou le philantropie de l'honnête homme classique*. New York: Lang, 1994.

Anglade, Sandrine. „Célimène et l'aura du féminisme". http://www.comediefrancaise.fr/ saison/saison99_2000/refmisanthrope.htm

Selin Sahin: „Dom Juan ou Le festin du pierre" von Molière

Einleitung

Die Klassik (1598-1715) ist eine der bedeutendsten Epochen in der französischen Literaturgeschichte. Politisch spielen zwei Eckdaten in der Zeit eine große Rolle: 1598 erlässt Heinrich IV. das Edikt von Nantes, das die Religionskriege zwischen den Hugenotten, Katholiken und dem Königtum beendet, was zum Aufschwung des Staates führt; 1715 dagegen stirbt Ludwig XIV. und die Diktaturherrschaft nimmt somit sein Ende.

Auch in der Literatur entstehen dadurch Veränderungen. In der ersten Jahrhunderthälfte können sich eher die Aristokratie und das gebildete Bürgertum am Lesen erfreuen, was auch die wichtige Phrase ‚la cour et la ville' zu verstehen gibt. Dabei bezeichnet ‚cour' den alten, repräsentativen Schwertadel und ‚ville' die reichgewordene, kultivierte Oberschicht des Bürgertums.[113] In Frankreich bildet sich jedoch in den dreißiger Jahren ein neues Menschenbild, das der Idee der ‚honnêteté' zu Grunde liegt.

„Sie ist ein abstraktes, allgemeinmenschliches Ideal, das den einzelnen zu einem Individuum bildet, das sich durch Anstand, Schicklichkeit, Unaufdringlichkeit auszeichnet und durch den Verzicht auf seine Individualität zu einem liebenswürden Gesellschaftsmenschen wird"[114].

Wichtige Gattungen der Zeit sind Tragödie, Farce und Komödie. Einer der wichtigsten Autoren der Zeit ist unbestritten Molière, mit bürgerlichem Namen Jean-Baptiste Poquelin (1622-1673). Er gründet 1643 das Illustre Théâtre, mit dem er erst auf Wanderschaft geht. Zurück in Paris findet der König Gefallen an seinen Werken und Molière genießt sowohl sein Interesse, als auch seinen Schutz.[115] Doch wovor braucht ein einfacher Autor und Schauspieler wie Molière geschützt zu werden, wenn der König doch an seiner Seite ist? Was thematisieren die Werke Molières, das seinen Mitbürgern missfallen könnte?

Nach einem kurzen Einblick in die Literaturepoche und seine Besonderheiten, werde ich mich mit einem der umstrittensten Werke Molières „Dom Juan ou Le Festin du pierre" befassen. Nachdem ich mich genauer mit dem Ursprung des Werkes, nämlich dem Mythos des Don Juan, beschäftigt habe, werde ich das Werk Molières analysieren. Hierbei ist wichtig zu sehen, wie viel das Theaterstück mit dem Urwerk von Tirso de Molina gemeinsam hat, wie Molière sein Werk aufbaut und schreibt. Als Abrundung werde ich klären, ob und in wie

---

[113] Vgl. Engler 2000, S.113 f.
[114] Ebd. S.115.
[115] Vgl. Grimm 2006, S.188 f.

fern das Werk Gemeinsamkeiten mit dem Vorgänger ‚*Le Tartuffe*' hat, da es direkt nach dessen Verbot verfasst wurde, und so zum Ende auch die Fragen beantworten die sich am Anfang der Arbeit gebildet haben.

Die Komödie in der französischen Klassik

Wenn über Molière gesprochen wird, werden weitere Begriffe wie Klassik, Komödie und Theater in einem Atemzug genannt. Machtpolitisch, kunst- und literarhistorisch erlebt Frankreich im 17. Jahrhundert einen Höhepunkt in seiner Geschichte, der so nicht mehr erreicht wird. Kennzeichen dieser Epoche sind Klarheit, Einfachheit, Dauer, Geschlossenheit, Geradlinigkeit und Anpassung an Regeln.[116] Auch das Theater erlebt in dieser Zeit sein goldenes Zeitalter, da es nach Richelieu „[...] nicht nur Schule des >honnêteté<, sondern auch ein Instrument der Propagierung einer staatlich sanktionierten (Ordnungs-)Ideologie ist"[117]. Als Molière 1658 nach Paris zurückkam, waren noch Tragödien nach Pierre Corneille und Tragikomödien vorherrschend.

Mit Molière rückte die Komödie, die Züge der Farce, der *Comedia dell'arte*, der gelehrten Komödie antik-italienischer Traditionen, der Pastorale und der hohen spanischen Komödie aufwies, immer mehr in den Vordergrund.[118] Molière distanzierte sich von seinen Vorgängern Corneille, Rotrou oder aber auch Scarron, die es nicht zu Stande brachten, das Publikum zum Lachen zu bringen, indem er andere Protagonisten, andere Handlungsthemen und Stilmittel verwendete. Statt der bisherigen Helden, Fürsten und Könige, bevorzugt er Privatpersonen niederen Standes.

Die Themen handeln meistens von Sex und Liebesabenteuern und nicht von Mord und Totschlag, Wehklagen und Verbannungen. So ist es auch aufgrund der Einfachheit der Personen und der Handlung angebrachter einen eher einfachen Schreibstil zu verwenden, was direkt zu einer Art Komik führt. Während Tragödien meistens einen Bezug zu Mythos und Historie haben, ist die Komödie größtenteils fiktiver Natur.[119] Umstritten sind die Intentionen Molières in seinen Werken. Auf der einen Seite meinen Kritiker Molière vertrete das Interesse des Volkes, da in seinen Stücken z.B. Diener sympathisch und Bürger unsympathisch dargestellt werden. Auf der anderen Seite gilt er als Verbündeter des Bürgertums, das für den Absolutismus und den Nationalstaat steht.[120]

Um dieser Diskrepanz auf den Grund zu gehen, bietet es sich an eine große Komödie Molières näher zu betrachten und zu analysieren.

---

[116] Vgl. Grimm 2006, S.162 f.
[117] Ebd., S.184.
[118] Vgl. Schoell 1983, S.86.
[119] Vgl. Stackelberg 2005, S.17 f.
[120] Vgl. Schoell 1983, S.109.

Der Don-Juan-Mythos und seine Umsetzung bei Molière

Um das Werk besser verstehen zu können, ist es wichtig die Entstehung des Mythos aufzuarbeiten. Vermutliche Anfänge lassen sich bei Mönch Tirso de Molinas Werk ‚*El burlador de Sevilla y convidado de piedra*', das 1613 verfasst und 1630 gedruckt wurde, nachweisen. Es sollte die Moral und die Zügellosigkeit von manchen spanischen Adeligen anprangern.[121] Nach Untersuchung wurde festgestellt, dass Don Juan kein historischer, sondern nur ein literarischer Typus ist. Diesem Mythos werden seither verschiedene Merkmale zugewiesen. Bei Don Juan handelt es sich meist um einen jungen Mann mit einem ausgeprägtem Sexualtrieb und unersättlichem Begehren. Dabei geht es ihm nicht nur quantitativ um Sex, sondern auch um Erotik, Leidenschaft und Liebe. Er ist der Inbegriff des Verführers und ist immer auf der Jagd nach erotischen Abenteuern. Hierbei sind die Frauen anonym und ihre Gefühle für ihn uninteressant. Hinzu kommt im Einzelfall auch die Verspottung des gehörnten Ehemannes hinzu, der für Ehrenhaftigkeit steht.[122] Durch diese herablassende Art hat Don Juan auch keine Freunde, außer einen mahnenden oder scherzenden Diener der stets an seiner Seite ist. Für ihn existieren die Regeln und Moral der Gesellschaft nicht, so lebt er von Moment zu Moment und ist immer in Aufbruch. Am Ende kommt es zu einer Konfrontation mit dem himmlischen Gericht, wobei der Don Juan seine Sünden mit dem eigenen Leben bezahlen muss.

Mit einigen Umänderungen greift Molière diesen Mythos 1665 in seinem Werk ‚*Dom Juan*' wieder auf, wobei man davon ausgeht, dass er nicht das Original, sondern italienische Fassungen davon kannte.[123] Die Prosakomödie in 5 Akten wird direkt nach der Uraufführung, wegen schockierender Wirkung vom Spielplan abgesetzt. Erst eine abgeschwächte Fassung von Pierre Corneille wird 1677 wieder aufgenommen. Molière prangert funktionslos gewordene Aristokraten an, die durch ziellose libertinistische Exzesse das gemäßigte Freidenkertum in Misskredite brachten. Hieran ist auch entgegen vieler Meinung zu erkennen, dass es sich nicht um ein auf die Schnelle geschriebenes Werk handelt, weil *Tartuffe* verboten wurde, sondern um eine der schöpferischsten Kombinationen der verschiedenen formalen und geistigen Strömungen zu Zeiten Ludwigs XIV.[124]

---

[121] Vgl. Jacobs 1989, S.31.
[122] Ebd. S.34.
[123] Ebd. S.35.
[124] Vgl. Hösle 1978, S.22.

„Die Umstilisierung der Sündenfigur aus der spanischen Vorlage [...] ins Nihilistische und Freidenkerische verschmilzt komische Karikaturen mit libertinistischen Angriffen auf den Glauben und die religiös begründete Sittlichkeit"[125].

Somit ist Molières Don Juan ein Libertin, der göttliche und menschliche Gesetze bricht. Weniger sieht man seine Aktionen als Verführer, über diese wird lediglich nur gesprochen.

Was bei Molière noch mehr zur Geltung kommt ist die Herr-Diener-Konstellation. Während Molina recht nüchtern damit arbeitet, ist sie umso stärker bei Molière. Als einziger Freund Dom Juans, reflektiert er ihn in seinen Gesprächen und so werden gesellschaftliche Probleme und Missstände für den Leser deutlicher gemacht.[126]

---

[125] Engler 2000, S.164.
[126] Vgl. Jacobs 1989, S.37.

„Dom Juan ou Le festin du pierre" von Molière

Innerhalb von Molières Gesamtwerk hat *Dom Juan* eine Sonderstellung. „Es ist die einzige Komödie des Molière-Repertoires, die der Dichter wegen ihrer schockierenden Wirkung definitiv vom Spielplan absetzen musste,[...] das einzige Stück, das mit Billigung seiner Witwe Armande Béjart in der sowohl in formaler wie in inhaltlicher Hinsicht einschneidend veränderten Alexandriner-Fassung von Thomas Corneille wieder auf den Spielplan gesetzt wurde. Außerdem ist es diejenige seiner großen Komödien, die dem von den französischen Klassikern etablierten und in Frankreich bis in unser Jahrhundert hinein nie gänzlich erschütterten Regelkanon eklatant widersprach"[127].

Handlungsanalyse

Den ersten Akt der Prosakomödie eröffnet Dom Juans Diener Sganarelle mit dem Knappen von Done Elvire. Man erfährt, dass Dom Juan sie aus dem Kloster entführt hat um zu heiraten, jedoch kurz danach wieder verlassen hat. Was für Gusman, aufgrund der großen Bemühungen Dom Juans um Elvire, sehr unverständlich ist, ist für Sganarelle schon glasklar. Er versucht dem Knappen nahe zu bringen was für ein schlechter Mensch Dom Juan ist und dass es ihm lediglich um die Verführung der Frauen geht. So haben Leser schon direkt ein Bild von der Problematik und von dem Charakter des Dom Juan. Als dieser erscheint, versucht Sganarelle ihn zur Vernunft zu bringen, doch Dom Juan ist überzeugt von seiner Handlung und bereut weder das Töten eines Mannes, noch sein Benehmen gegenüber Frauen:

> „La constance n'est bonne que pour des ridicules; toutes les belles ont droit de nous charmer, et l'avantage d'être rencontrée la première ne doit point dérober aux autres les justes prétentions qu'elles ont toutes sur nos cœurs"[128].

Als daraufhin Done Elvire auftaucht, lehnt Dom Juan sie mit Verachtung ab.

Im zweiten Akt erklärt Pierrot seiner Verlobten Charlotte wie er Dom Juan und Sganarelle vor einem Schiffbruch bewahrt hat. In derselben Zeit entdeckt Dom Juan die schöne Charlotte und er verfällt sofort in seinen Verführungsakt, das erfolgreich endet. Als jedoch auch Mathurine erscheint, der Dom Juan ebenfalls die Heirat versprochen hat, kommt es zu einem Durcheinander. Dom Juan schafft es die beiden zu hintergehen und flieht, als ihn die Nachricht erreicht, dass er

---

[127] Hösle 1978, S.17 f.
[128] Molière 1665, Akt I Szene II.

gesucht wird. Dies ist die einzige Szene die die Aktion der Verführung konkret darstellt.

Mit der Begegnung mit dem Bettler auf, treffen auch einige Kontroverse aufeinander. Beispielsweise Reichtum gegen Armut und Glaube gegen Gottlosigkeit. Dom Juan ist bereit für die Wegbeschreibung des Bettlers ihm Almosen zu geben, aber nur wenn er gegen Gott flucht, da er findet, dass in seinem Zustand es absurd ist überhaupt noch an Gott zu glauben. Der Bettler jedoch lehnt dies ab: „*Non Monsieur, j'aime mieux mourir de faim*"[129]. Überraschenderweise gibt ihm Dom Juan doch das Geld und meint: „*Va, va, je te le donne pour l'amour de l'humanité*"[130]. Unterbrochen wird diese Handlung durch einen Raub an zwei Männern, die sich als Brüder von Done Elvire herausstellen, die nach Dom Juan suchen. Da dieser ihnen das Leben gerettet hat verschieben sie das Duell. Als Dom Juan und Sganarelle ihren Weg fortsetzen kommen sie an der Statue des Komturs vorbei, den Dom Juan umgebracht hatte. Als die Statue sich bewegt, kann es Sganarelle kaum fassen und ist beängstigt, Dom Juan ist jedoch unberührt und lässt ihn zum Dinner einladen. Damals war es normal Schulden zu haben und Monsieur Dimanche, der Gläubiger von Dom Juan, verkörpert die wachsende bürgerliche Klasse, die allmählich die Macht übernimmt, da sie Geld besitzt. Dom Juan und Sganarelle schaffen es ihn durch Ablenkung loszuwerden und am Ende der Szene stellt sich heraus, dass Sganarelle doch eines mit seinem Herrn gemeinsam hat, nämlich die Schulden. Verglichen mit dem ersten Besuch, der komisch dargestellt wurde, ist der zweite Besuch von Dom Juans Vater eher dramatisch. Enttäuscht von der Lebensart seines Sohnes, lässt auch er ihn im Stich, aber verlangt auch nicht das Geld zurück, dass Dom Juan zu seinem Status verholfen hat. Auch Done Elvire macht einen letzten Versuch Dom Juan zu bekehren. Von ihr ebenfalls unberührt, fährt Dom Juan mit dem Essen fort, als die Statue des Komturs kommt und ihn zum Dinner für den nächsten Tag einlädt. Im letzten Akt der Komödie treffen wir auf einen veränderten Dom Juan, der bekehrt zu sein scheint und versucht alle davon zu überzeugen. Doch es stellt sich raus, dass das alles nur ein Trick war um die Gunst seines Vaters zu bekommen und Ärger zu vermeiden. Später erscheint der Geist einer verschleierten Frau und bittet ihn ein letztes Mal zu bereuen. Als Dom Juan dies verweigert, packt ihn die Statue des Komturs und zieht ihn mit unter die Erde, wo sie beide verschwinden. Zurück bleibt Sganarelle, dem seine einzige Sorge der Verlust seines Lohnes ist.

---

[129] Ebd. Akt III Szene II.
[130] Ebd.

Personenkonstellation

Obwohl mehrere Personen auftreten, sind nur einige von wichtiger Bedeutung. Protagonist des Theaterstückes ist Dom Juan, der direkt im ersten Akt mit all seinen negativen Seiten von seinem Diener Sganarelle beschrieben wird. Er nennt ihn

> „[…] le plus grand scélerat que la terre ait jamais porté, un enragé, un chien, un diable, un Turc, un hérétique, qui ni croit ni Ciel, ni Enfer[…]"[131].

Dom Juan ist ein untreuer, unmoralischer Charakter, der Frauen Verführt und wieder fallen lässt. Auch das Töten von Menschen erweckt nicht das geringste schlechte Gewissen bei ihm, da er auch nicht gläubig ist und Sitten der Gesellschaft missachtet. Die einzige Person an seiner Seite ist sein Diener Sganarelle, der ihn zwar immer bekehren möchte, aber trotzdem immer hinter ihm steht egal was er macht. In diesem Stück ist die Herr-Diener-Konstellation besonders auffällig, da Sganarelle das Stück eröffnet und beendet, durchgehend in jeder Szene dabei ist und seinen Herren spiegelt, da er gläubig ist und es auch nicht für richtig hält was Dom Juan macht. Durch sein unterwürfiges, scheinfrommes und feiges Betragen, wird Sganarelle nicht ernst genommen und wirkt dadurch komisch. Dies zeigt, dass die Rolle des Sganarelle sehr wichtig in diesem Stück ist, ist auch die Tatsache, dass sie immer von Molière selbst gespielt wurde.[132] Neben diesen wichtigen Personen treten weiter auf wie Done Elvire, die Ehefrau Dom Juans. Sie ist ursprünglich ein frommer Mensch, da sie im Kloster gelebt hat, ist aber der Verführung Dom Juans verfallen und ist jetzt gekränkt und verletzt, weil sie von ihm sitzen gelassen wurde. An ihrer Seite sind ihr Knappe Gusman und ihre Brüder Dom Carlos und Dom Alonso, die sich nun beide an Dom Juan rächen wollen. Zu seinem Vater Dom Louis hat Dom Juan auch eine eher nur materielle Beziehung, da auch dieser die Lebensart seines Sohnes nicht unterstütz, ihm aber durch sein Geld seinen noblen Status verschafft hat.

Molière lässt nur in einer Szene den Verführer in Dom Juan raushängen, nämlich als er Charlotte, ein einfaches Mädchen aus dem Lande, verführt obwohl sie mit Pierrot liiert ist. Neben Charlotte taucht auch Mathurine auf, die ebenfalls auf Dom Juan reingefallen ist. Eine wichtige Funktion spielt auch der Bettler, den man auch als ein Spiegelbild Dom Juans sehen kann. Er ist arm und glaubt an Gott, nicht mal gegen Geld wagt er es gegen Gott zu fluchen. Schließlich taucht auch eine Statue eines Mannes auf, den Dom Juan einst umgebracht hatte. Diese

---

[131] Molière Akt I Szene I
[132] Vgl. Hösle 1978, S.30.

Statue beschließt letztendlich das Schicksal Dom Juans und zieht ihn mit ins Höllenfeuer.

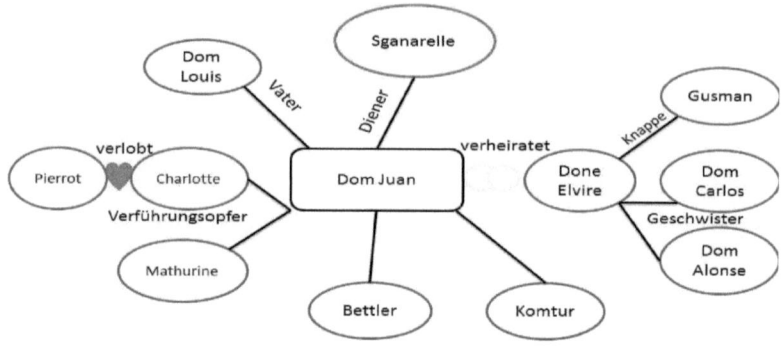

©Selin Sahin

Stil und Techniken

Das Geschehen beginnt mitten im Gespräch von Sganarelle und Gusman *(in medias res)* und stellt den Hauptprotagonisten Dom Juan und die Problematik der Handlung vor.

Molière verwendet verschiedene Sprachstile. Wenn Bauern sprechen, verwendet er eine gebräuchliche Alltagssprache, während wohlhabende Charaktere sich an einer gehobenen Sprache bedienen. Das wirkt einerseits sehr authentisch, andererseits verdeutlicht es auch den Klassenunterschied. Entgegen den klassischen Regeln spielt die Handlung nicht an einem Ort, sondern mit der Flucht Dom Juans reicht es von seinem Haus, über einen Hafen und einem Waldstück bis hin zur Hölle. Molière arbeitet viel mit Kontrasten und Vergleichen. Direkt zu Beginn kann man Sganarelles Leidenschaft zu Tabak mit Dom Juans Leidenschaft zu Frauen gleichsetzen. „*C'est la passion des honnêtes gens, et qui vit sans tabac n'est pas digne de vivre*"[133].

In der Diener-Herr-Konstellation können dagegen die Charaktere unterschiedlicher nicht sein: „aritokratisch-plebejisch, mutig-feige, kaltgemütlich, berechnend-bauernschlau, überlegt-geschwätzig"[134]. Sonst immer eingeschüchtert von seinem Herrn, zeigt Sganarelle in der Fluchtszene als Arzt

---

[133] Molière Akt I Szene I
[134] Hösle 1978, S.31.

verkleidet Selbstbewusstsein und Unabhängigkeit. Die Kleider-machen-Leute-Einstellung geht durch Dom Juans Aussage,

> „Par quelle raison n'aurois-tu pas les mêmes privilèges qu'ont tous les autres médecins? Ils n'ont pas plus de part que toi aux guérison des malades, et tout leur art est pure grimace. Ils ne font rien que recevoir la gloire des heureux succès, et tu peux profiter comme eux du bonheur du malade, et voir attribuer à tes remèdes tout ce qui peut venir des faveurs du hasard et des forces de la nature"[135]

jedoch schnell wieder unter. Dies zeigt, dass Molière auch eine große Skepsis gegenüber der Medizin hat, wie gegen über der Religion. Während in den meisten Werken Molières immer die Hauptperson Komik erzeugt hat, ist es hier fast ausschließlich Sganarelle, der durch seine Aussagen und sein Handeln die komische Person ist.

Seine Kritik gegenüber der Kirche äußert Molière vor allem in der Bettlerszene. Da im 17.Jahrhundert schwere Strafen auf Blasphemie standen, ist die Aufforderung Dom Juans den Bettler zu fluchen eine große Provokation. Diese Szene wurde auch kurz nach der Uraufführung gestrichen, da sie für Unruhen im Publikum sorgte. Dass Dom Juan dem Bettler trotzdem das Geld gibt, soll verdeutlichen, dass es ihm nicht am Geld liegt und vielleicht um dem Bettler zu zeigen, dass nicht Gott, an den er glaubt und nie verfluchen würde, sondern er ihm hilft.[136] Eine wichtige Rolle spielt auch Freiheit in diesem Theaterstück. Dom Juan nimmt sich alle Freiheiten, die ihn glücklich machen. Hier achtet er weder auf die Regeln der Gesellschaft noch auf nahe stehende Personen wie Sganarelle und seinen Vater. Doch da die Komödie damit endet, dass Dom Juan für seine Sünden bestraft wird, will Molière verdeutlichen, dass der Mensch eingeschränkt in seiner Freiheit ist, sei es durch die Gesellschaft oder die Religion, und man immer für seine Untaten bezahlen muss. Eine große Wendung zeigt sich zu Beginn des fünften Aktes. Dom Juan scheint wie bekehrt und ausgetauscht:

> „Oui, vous me voyez revenu de toutes mes erreurs; je ne suis plus le même d'hier au soir, et le Ciel tout d'un coup a fait en moi un changement qui va surprendre tout le monde: il a touché mon âme et dessillé mes yeux, et regard avec horreur le long aveuglement où j'ai été, et les désordres criminels de la vie que j'ai menée"[137].

Doch sein Vater bemerkt weder die heuchlerische Art und Weise der Veränderung, noch ist er daran interessiert es zu erkennen. Mit dieser Heuchelei wird gezeigt, „dass die alten ständischen Ordnungen durchlässig geworden waren und fortan ein nicht ausschließlich klassenspezifischer Interessenverband

---

[135] Molière Akt III Szene I
[136] Stackelberg 2005, S.91.
[137] Molière Akt V Szene I

besseren Schutz vor Verfolgung bot als die feudal-aristokratische Kaste"[138]. Da Dom Juan so all seine Feinde überzeugt hat, kam auch nur ein Deus-Ex-Machina-Ende in Frage. Diese wird von Molière als Teufel in Gestalt des von Dom Juan getöteten Komturs dargestellt.

---

[138] Hösle 1978, S.54.

Tartuffe und Dom Juan

Die zwei Werke von Molière sind sich in vielen Hinsichten sehr ähnlich. Ob das daran liegt, dass der Autor ‚Dom Juan' als Ersatzstück geschrieben hat, nachdem ‚Le Tartuffe' vom Spielplan abgesetzt wurde ist fraglich. Das Hauptthema der Stücke ist die Heuchelei und die Kritik am Adel und der Kirche. Beide Protagonisten sind Betrüger, die das Leben anderer manipulieren. Tartuffe ist ein heuchlerischer Frömmler, der sich in die Familie Orgons einnistet um dort auf deren Kosten zu Leben. Dies schafft er, weil er sich als frommer Mann ausgibt und so Orgon mit weisen Ratschlägen überzeugen kann. So spielt die Scheinheiligkeit in beiden Stücken eine große Rolle. Auch wenn die Masche der beiden Erfolg zeigt, erfolgt am Ende eine Bestrafung, die auch dafür steht, dass solche Menschen am Ende doch ihre gerechte Strafe erhalten. Dies ist jedoch im Falle des Tartuffes auch nur die Endfassung nach zwei Überarbeitungen des Stückes,[139] was wiederum zeigt, dass Molière normalerweise seine Sünder davon kommen ließ. Ein kleiner Unterschied zwischen den beiden Stücken ist auch am Ende: Während Dom Juan von einer fantastischen Gestalt in die Hölle verschleppt wird (*Deus ex Machina*), ist es bei Tartuffe der König als gottgleicher der das Problem löst.

Die beiden unterschiedlichen Handlungen, zeigen eine deutliche gemeinsame Linie in Hinsicht der Interpretation und der Kritikpunkte. Ob das wirklich so ist, liegt an dem individuellen Textverständnis der einzelnen Leser, da wir diesbezüglich keine überlieferten Aussagen von Molière haben.

---

[139] Vgl. prueckner.bplaced.net 2000.

Schluss

Bei einer genauen Betrachtung des Theaterstückes stellt sich heraus, warum Molière den Schutz des Königs gebraucht hat. Zu dieser Zeit hatte nämlich auch die Kirche sehr viel zu sagen und da diese Hauptkritikpunkt in Molières Stücken war, hatte er viele Gegner. Er griff auch Themen wie die Stellung der Frau, Ehe und Gesellschaft auf und provozierte damit auch ein Teil des Bürgertums, die entweder der Wahrheit nicht ins Auge blicken wollten oder aber auch einfach nicht der Meinung Molières waren. In Dom Juan verstößt er sogar gegen die Regelpoetik und an die drei Einheiten (Handlung, Ort, Zeit) hält er sich auch nicht. Dem König gefiel jedoch was er sah und er versuchte Molière weitgehend zu unterstützen. Als jedoch die Kirche sich so angegriffen gefühlt hatte, dass sie Molière als Ketzer verbrennen lassen wollte, griff er ein und verlangte eine Abänderung der Werke wie es bei ‚Le Tartuffe' und ‚Dom Juan' der Fall war.[140] Molière kämpfte um seine Werke und trotz seiner Gegner scheute er sich nicht Tabuthemen anzusprechen.

---

[140] Vgl. Engler 2000, S.163 f.

Bibliographie

Primärliteratur

Molière: *Dom Juan ou Le Festin du pierre* (1665). Paris: Flammarion 1993 (Molière 1665/1993).

Sekundärliteratur

Engler, Winfried: Geschichte der französischen Literatur im Überblick, Stuttgart 2000.

Grimm, Jürgen (Hg.): Französische Literaturgeschichte, Stuttgart 2006.

Hösle, Johannes: Molières Komödie Dom Juan, Heidelberg 1978.

Jacobs, Hans J: Don Juan-heute. Die Don Juan Figur im Drama des zwanzigsten Jahrhunderts. Mythos und Konfiguration, Merzbach 1989.

Schoell, Konrad: Die französische Komödie, Wiesbaden 1983.

Stackelberg, Jürgen von: Molière. Eine Einführung, Stuttgart 2005.

Internetquellen

Prückner, Christoph: *Tartuffe- Zu den Hintergründen – Freiheit der Kunst contra Zesur*, http://prueckner.bplaced.net/trauma/Tartuffe/hintergrund.html (Stand: 28.03.2013).

Maria Lang: Die "Aulularia" des Plautus als Vorlage von Molières "L'Avare"

Einleitung

„Un homme arrive enfin, qui règle, dose et choisit; qui prend un peu, mais donne davantage. (...) En ses heureuses mains le cuivre devient or. Cet homme, c'est MOLIÈRE"[141].

Molière ist bis heute der wohl bekannteste französische Komödiendichter der französischen Klassik[142]. Als Zugehöriger seiner Epoche orientierte er sich zumeist an Stücken aus der römischen, bzw. griechischen Antike. So auch in seiner Komödie *L'Avare*, die seit über dreihundert Jahren zu den meistgespielten Theaterstücken Molières und zur Weltliteratur überhaupt gehört[143]. Eine der Vorlagen für Molière waren die *Aulularia* des Plautus[144], ein Stück, das über die Jahrhunderte hinweg besonders in Frankreich auf eine lange Rezeptionsgeschichte zurückblicken kann[145].

Wie es allein schon der zeitliche Abstand zwischen den Stücken zeigt – die *Aulularia* des Plautus entstanden nämlich um 190 v. Chr[146], Molières *Avare* dagegen im 17. Jahrhundert[147]-, wurde der *Avare* von einem ganz anderen gesellschaftlichen, politischen und auch religiösem Weltbild geprägt, als die *Aulularia*. So ist es nicht verwunderlich, dass sich Molière zwar an Plautus orientiert und eine vergleichbare Geschichte erzählt, sie jedoch gegenüber dem Ursprungswerk in Charakteren und Motiven verändert und sie damit zu einem eigenständigen Werk macht.

In dieser Hausarbeit möchte ich der Frage nachgehen, inwieweit sich die *Aulularia* des Plautus und der *Avare* des Molière inhaltlich vergleichen lassen und werde in dieser Hinsicht besonders die Hauptperson der beiden Stücke, den Geizigen betrachten. Zunächst werde ich zu diesem Zweck von beiden Stücken den Inhalt angeben, um die beiden Theaterstücke dann im nächsten Schritt allgemein vergleichen zu können. Danach widme ich mich der Figur des Geizigen, vergleiche Plautus Euclio mit Molières Harpagon und versuche herauszufinden, woher die Unterschiede in ihren Persönlichkeiten motiviert sind.

---

[141]FOURNIER in EBERLE (2006): 122
[142]vgl. Eberle: 122
[143] vgl. ZILLY (1979): 3
[144] vgl. EBERLE (2006): 11
[145] vgl. EBERLE (2006): 21
[146] Vgl. RAU (2008): 5
[147] vgl. EBERLE (2006): 123

Inhalt der beiden Theaterstücke

Die Aulularia von Plautus[148]

Bei den Aulularia handelt es sich um eine Komödie, von der fünf Akte erhalten sind. Die Hauptperson der Geschichte ist Euclio, der, ebenso wie sein Vater und Großvater vor ihm, ein geiziger und unfrommer Athener ist, so jedenfalls berichtet es zu Anfang der Geschichte, im Prolog, sein Lar, der Schutzgeist seines Hauses. Der Großvater Euclios besaß einen Topf voll Gold, den er aber aus Geiz versteckte und keinem Menschen davon erzählte, auch seinem eigenen Sohn nicht, nicht einmal mehr auf dem Sterbebett. Der Lar jedoch, der das Versteck des Großvaters kannte, und der wollte, dass Euclio seiner gottfrömmigen Tochter Phaedria eine anständige Mitgift und eine ehrbare Hochzeit bieten kann, zeigte Euclio schließlich das Versteck des Großvaters. Phaedria ist nämlich schwanger von Lyconides, dem Neffen des Nachbarn Megadorus, der sie nachts betrunken auf einem Fest vergewaltigt hatte.

Euclio jedoch tut nichts anders, als das Gold zu hüten und aus Angst vor Diebstahl sieht er ständig nach, ob es sich noch im Haus befindet.

Vor diesem Hintergrund spielt sich nun die Geschichte ab. Auslöser der Geschehnisse ist Megadorus, der Nachbar Euclios, der Phaedria zur Frau wünscht. Euclio willigt ein, sie ihm noch am selben Tag zu vermählen, weil Megadorus keine Mitgift fordert. Megadorus schickt daraufhin Köche, die ein Hochzeitsmahl bereiten sollen, in Euclios Haus, was dort zu Unruhe führt. Daher fürchtet Euclio um den im Haus versteckten Goldtopf und versteckt ihn nun im nahe gelegenen Tempel der Fides. Der Sklave des Lyconides aber, der von diesem beauftragt worden ist, die Hochzeitsvorbereitungen zu beobachten, hört Euclio von dem Versteck reden und will das Gold dort suchen. Als Euclio ihn am Tempel der Fides sieht, stellt er den Sklaven zur Rede und versteckt das Gold wieder an einem anderen Platz. Der Sklave kann ihn jedoch dabei beobachten und stiehlt schließlich den Topf voll Gold.

Lycondides hat seiner Mutter unterdessen gestanden, was er Phaedria angetan hat und diese will daraufhin Megadorus die Hochzeit ausreden. Lycondides, der Euclio währenddessen über das gestohlene Gold klagen sieht und denkt, er klage über das Unglück seiner Tochter, die schon in den Wehen liegt, geht hin und gesteht Euclio seine Tat. Zunächst denkt Euclio, Lycondides gestehe, das Gold gestohlen zu haben, als er jedoch versteht, was tatsächlich gemeint ist, läuft er

---

[148] basierend auf der Originalfassung in der Edition von P. RAU

entsetzt ins Haus zu seiner Tochter. Lycondides erfährt daraufhin über seinen Sklaven von dem Gold und verlangt von ihm, das Gold herauszurücken.

Ab diesem Punkt ist das Stück des Plautus leider verloren, doch aus antiken Inhaltsangaben und mithilfe von Fragmenten konnte der Schluss zumindest rekonstruiert werden[149]:

Lycondides kann den Sklaven zur Herausgabe des Goldes bewegen und gibt es zurück an Euclio, den er dadurch für sich einnimmt. Megadorus tritt von der Hochzeit zurück und Euclio gibt anstatt dessen Lycondides und Phaedria seinen Segen und schenkt dem jungen Paar zudem den Goldtopf, da er erkennt, dass dieser ihm nur Sorgen bereitet hat.

L'avare von Molière[150]

Molières *Avare* ist eine Komödie in 5 Akten. Der geizige Harpagon, ein reicher Pariser, der sein eigenes Wohlhaben akribisch beisammen hält und immer weiter zu vergrößern sucht, spielt darin die tragende Rolle, genauso wie eine Kassette mit 10.000 Écus, die Harpagon am Vorabend der Handlung erwarb und aus Angst vor Diebstahl in seinem Garten vergrub.

Harpagon hat zwei Kinder, Élise und Cléante, die unter seinem Geiz leiden. Élise liebt Valère, der ihretwegen als Bediensteter, und zwar als Verwalter bei ihrem Vater arbeitet und sich erfolgreich bei ihm einschmeichelt, ohne dabei aufzudecken, dass er eigentlich aus gutem Hause stammt und nur auf die Rückkehr seiner Eltern wartet, die seit einem Schiffsunglück verschwunden sind. Cléante dagegen liebt Mariane, eine scheinbar arme junge Frau, die mit ihrer kranken Mutter in bescheidenen Verhältnissen lebt. Nun eröffnet aber Harpagon seinen Kindern, dass er selbst Mariane zu ehelich beabsichtige, während er Élise noch am selben Tag dem knapp 50-jährigen Seigneur Anselm, da dieser keine Mitgift fordert, zur Frau geben und seinen Sohn später an eine reiche Witwe verheiraten möchte. Die Kinder sind von der Nachricht erschüttert und Valère dazu bereit, mit Élise durchzubrennen, wenn sich die Heirat nicht verhindern ließe. Auch Cléante ist entschlossen, die Heirat seines Vaters zu vereiteln. Er jedoch braucht dringend Geld und will sich 15.000 Francs von einem Gläubiger leihen. Die Bedingungen des Gläubigers, die Cléante von seinem Diener La Flèche, den er in dieser Sache als Mittelsmann eingesetzt hat, erfährt, kommen

---
[149] vgl. EBERLE (2006): 35 u. 41
[150] basierend auf der Originalfassung in der Edition von G. COUTON

aber reiner Ausbeutung gleich. Als Cléante bemerkt, dass es sich bei dem Gläubiger um seinen eigenen Vater handelt, brechen die beiden in einen Streit aus. Harpagon beschließt, in Zukunft verstärkt ein Auge auf Cléante zu haben und trifft sich dann mit der Heiratsvermittlerin Froisine, die ihm weismacht, dass Mariane unbedingt einen älteren Mann wie ihn heiraten wolle und dass sie, auch wenn sie keine Mitgift mitbringe, Harpagon durch ihre Sparsamkeit nur Gewinn bringen könne. Obwohl Harpagon auf einer Mitgift bestehen möchte, soll Mariane noch am gleichen Abend zur Hochzeit von Élise und Seigneur Anselm kommen, um den Heiratsvertrag zu unterschreiben. Daraufhin gibt Harpagon seinen Bediensteten Anweisungen für den Abend und gerät dabei in eine Diskussion mit seinem Kutscher und Koch, Maître Jaques, der ihm zu verschwenderisch ist, und wird in dieser Meinung durch Valère unterstützt. Deswegen geraten auch Valère und Jaques in einen Streit, der damit endet, dass Valère Jaques mit einem Stock schlägt, wie es zuvor auch schon Harpagon getan hatte. Jaques nimmt sich daraufhin vor, sich an Valère zu rächen.

Als Froisine später mit Mariane wie vereinbart vorbeikommt und Mariane ihren zukünftigen Ehemann das erste Mal sieht, ist sie angewidert von ihm. Froisine versichert ihr, Harpagon werde sicherlich binnen der nächsten drei Monate sterben und ihr sein ganzes Erbe hinterlassen. Als Mariane jedoch Cléante vorgestellt wird, erkennt sie in ihm den Mann wieder, in den sie sich, ohne zu wissen, dass es sich um den Sohn Harpagons handelt, schon zuvor verliebt hatte. Beide gestehen sich indirekt ihre Liebe und Cléante schenkt Mariane zum Entsetzen des Vaters dessen Diamantring. Als Harpagon später sieht, wie Cléante Mariane die Hand küsst, stellt er seinen Sohn zur Rede und kommt ihm auf die Schliche. Während sie einen langen Streit über Mariane führen, den Maître Jaques letztlich erfolglos zu schlichten versucht, stiehlt La Flèche Harpagon und bemerkt die 10.000 Écus, die er im Garten vergraben hatte, und erzählt Cléante anschließend davon. Harpagon bemerkt schnell, dass das Gold fehlt und gerät außer sich. Er holt sich einen Polizeibeamten zur Hilfe und beginnt sogleich, das Personal nach dem gestohlenen Gold zu fragen, angefangen bei Maîtres Jaques. Dieser sieht nun seine Chance gekommen, sich an Valère zu rächen und beschuldigt ihn des Diebstahls. Als Valère daraufhin zur Rede gestellt wird, denkt dieser fälschlicherweise, Harpagon habe von seiner Liebe zu Élise erfahren und gesteht freimütig, dass die zwei sich bereits verlobt hätten. Élise kommt hinzu und bittet den Vater um Gnade für sie und Valère, Harpagon aber, der Valère gleichzeitig immer noch für den Dieb seines Geldes hält, schlägt dies aus.

Nun tritt Seigneur Anselm auf. Als dieser erfährt, dass sich Valère und Élise bereits versprochen haben, ist er nicht gewillt, seine Heirat mit Élise zu erzwingen. Valère berichtet nun von seiner Herkunft: Er sei der Sohn von Dom Thomas von Alburcy aus Neapel. Er habe irrtümlich geglaubt, er sei als einziger der Familie bei einem Schiffsunglück vor 16 Jahren gerettet worden und als er das Gegenteil erfahren und sich auf die Suche nach seinem Vater gemacht habe, sei er Élise begegnet und habe sich in sie verliebt. Mariane, die inzwischen auch anwesend ist, bemerkt, dass Valère ihr Bruder ist, denn sie kennt die Geschichte des Schiffsunglückes von ihrer Mutter. Monsieur Anselm wiederum eröffnet den beiden, er selbst sei Don Thomas von Alburcy und damit ihr Vater. Der Heirat von Valère und Élise steht jetzt nur noch die verschwundene Kassette im Weg. Die ist jedoch durch La Flèches Diebstahl im Besitz von Cléante, der hinzukommt und seinen Vater erpresst: Er werde die Geldkassette mit dem Gold zurückgeben, wenn Harpagon ihm Mariane zur Frau gebe. Als Monsieur Anselm anbietet, die Doppelhochzeit und den Polizeibeamten zu bezahlen, willigt Harpagon ein.

Kurzer, allgemeiner Vergleich der beiden Theaterstücke

In Molières *Avare* treten viele Motive auf, die auch schon bei Plautus vorhanden sind. So ist zum Beispiel das Motiv der Geldkassette, bzw. des Goldtopfes bei beiden zentral: Ohne das Geld, das ständig vom Geizigen bewacht wird, schließlich aber doch verschwindet, was zu den bekannten Verwirrungen führt, könnten beide Stücke nicht funktionieren (was bei Plautus allein schon durch den Titel des Stücks hervorgehoben wird). Jedoch nimmt sich Molière die Freiheit, Motive von Plautus abzuwandeln und zu verändern. Aus dem Fundus an Parallelen und Unterschieden der beiden Stücke, greife ich nun nur grob übergeordnete Aspekte auf.

Wie den oben beschriebenen Inhaltsangaben zu entnehmen ist, entspricht sich das Handlungsgerüst der *Aulularia* und des *Avare* weitestgehend, wobei die Handlung der *Aulularia* in Athen, der *Avare* in Paris spielt. Im Handlungsgerüst übernimmt Molière auch viele Einzelszenen von Plautus, wenn auch oft leicht abgewandelt. So zum Beispiel wirft bei Plautus Euclio die Sklavin Staphyla in I, 1 aus dem Haus, weil er befürchtet, sie suche nach dem Gold, aus gleichem Grunde wirft auch Harpagon bei Molière in I,3 den Diener La Flèche aus dem Haus. Auch die Klageszene, in der der Geizige über sein verschwundenes Gold klagt, findet sich bei beiden Autoren (bei Plautus in IV, 9 und bei Molière in IV, 7), ebenso die danach folgende Verwechslungsszene, die sehr der Komik dient: Bei Plautus will Lycondides Euclio die Vergewaltigung Phaedrias gestehen und Euclio denkt fälschlicherweise, er gestehe den Raub des Goldes (IV, 10), während Harpagon Valère des Raubes beschuldigt und letzterer meint, seine Liebesbeziehung zu Élise sei aufgedeckt worden (V, 3).

Ebenso ähnlich wie das Handlungsgerüst ist die Personenkonstellation[151]: Plautus Geiziger Euclio wird bei Molière zu Harpagon[152], seine Tochter Phaedria wird zu Elise, Megadorus, der bei Euclio um Phaedrias Hand anhält, wird bei Molière zu Seigneur Anselme, und Lycondides, der Phaedria schließlich ehelichen wird, wird zu Valère.[153]

Der Sklave des Lycondides, der das Geld des Geizigen stiehlt, ist bei Molière La Flèche, der Diener des Cléante.

Molière jedoch verändert im Gegensatz zu Plautus die Verwandtschaftsbeziehungen und lässt einige Personen im Vergleich zu Plautus

---

[151] vgl. auch EBERLE (2006):124
[152] Die Person wird weiter behandelt in 4.
[153] vgl. EBERLE (2006):124

wegfallen, andere lässt er zusätzlich auftreten[13]: Ein Sohn des Geizigen, wie es im *Avare* Cléante ist, sowie eine Geliebte, wie es im *Avare* Mariane ist, gibt es bei Plautus nicht.

Ausgebaut wird die Figur der Tochter des Geizigen, die bei Plautus nur erwähnt wird, jedoch nie auftritt. Allein durch den Prolog am Anfang weiß der Zuschauer, bzw. Leser, dass Lycondides Phaedria liebt und sie vergewaltigt hat, jedoch nicht, ob die Liebe auf Gegenseitigkeit beruht. Lycondides tritt selbst auch erst sehr spät auf, nämlich in IV, 7, die Liebesthematik wird durch die späte Behandlung sehr in den Hintergrund gerückt. Molière dagegen exponiert die Liebesbeziehungen sehr stark[154]. Er lässt Valère und Élise sich bereits in I, 1 ihre Liebe gestehen und betont damit auch die Gegenseitigkeit der Liebesbeziehung. Genauso führt er den Vater-Sohn-Konflikt ein, in dem Cléante, sowie Harpagon um Mariane werben und miteinander konkurrieren. Auch Valère konkurriert unwissentlich mit seinem Vater, Seigneur Anselme, der eigentlich Dom Thomas d'Alburcy heißt, um Élise.

Interessant ist dabei der Umstand, dass Seigneur Anselme auf Élise verzichten muss, aber dafür seine tot geglaubte Familie wiederfindet, nicht nur Tochter und Sohn, sondern auch seine Frau, zu der die Familie am Ende des Stückes aufbrechen will (V 6).

Bei Plautus nämlich geht Megadorus (soweit sich das bei dem bloß rekonstruierten Schlussteil sagen lässt) im Endeffekt leer aus[155]: Phaedria wird seinem Neffen angetraut, er selbst bleibt allein.

Molière übernimmt also zwar das Happy End des Plautus, setzt dabei jedoch andere Schwerpunkte (höchstwahrscheinlich der Logik wegen[15]). Dies lässt sich auch an der Figur des Geizigen zeigen, da sie sich am Ende der jeweiligen Geschichte unterschiedlich verhalten.

---

[154] vgl. EBERLE (2006): 133
[155] vgl. EBERLE (2006): 133

Der Geizige und sein Gold

Der Geizige hat in beiden Stücken die Hauptrolle und sein extremer Geiz wird in beiden Werken durch viele Szenen gezeigt. Euclio und Harpagon jedoch ähneln sich die zwar auf den ersten Blick sehr stark, bei genauerer Betrachtung aber werden einige Unterschiede deutlich.

Der Geizige bei Plautus

Wie der Lar im Prolog erzählt, war Euclio ursprünglich einfach nur ein armer Mann, bis der Lar ihm den Goldtopf zugänglich machte, den Euclios Großvater einst versteckte. Auch charakterlich scheint er durchaus angesehen gewesen zu sein, wie es Eunomia, die Mutter des Lycondides, während eines Gespräches mit Megadorus in II, 1 durchklingen lässt: „hominem haud malum me castor"[156].

Nach seinem glücklichen Fund lebt Euclio immer noch in Armut, jedoch hat ihn das Gold verändert. Seine Sklavin Staphyla sagt, dass sie sich nicht erklären könne, von welcher Tollheit ihr Herr ergriffen worden sei (vgl. I, 1).Wie stark der Geiz des Euclio dann ausartet, beschreibt der Sklave Strobilus: „quin cum it dormitum, follem obstringit ob gulam (...). Ne quid animae forte amittat dormiens. (...) aquam hercle plorat, cum lavat, profundere"[157], und er erzählt die Anekdote: „quin ipsi pridem tonsor unguis dempserat: collegit, omnia abstulit praesegmina"[158] (II 4-5). Der Zuschauer wird selbst auch oft genug Zeuge dieses Geizes: So verspricht Euclio Megadorus, ihm Phaedria zur Frau zu geben, allein aus dem Grund, weil dieser keine Mitgift fordert (vgl. II, 2).Selbst am Hochzeitstag seiner eigenen Tochter kann sich Euclio nicht überwinden, sich etwas zu gönnen: „festo die si quid prodegeris, profesto die egere liceat, nisi perperceris"[159] (II, 8). An dieser Stelle wird deutlich, dass Euclios Geiz insbesondere aus der Angst um die eigene Absicherung motiviert ist. „Euclio ist nicht der Geizige aus Raffgier (...), sondern der Geizige aus Armut und übertriebener Sparsamkeit, der den unverhofften Schatz nicht zu nutzen versteht, sondern ihn nur mit manischem Argwohn und zehrender Sorge hütet".[160]

---

[156] „Er ist, bei Castor, mitnichten ein schlechter Kerl".
[157] „Ja sogar, wenn er schlafen geht, bindet er einen Beutel vor das Maul (...), damit er im Schlaf nicht etwa etwas von der Luft verliert. (...) Wenn er wäscht, weint er fürwahr, dass er das Wasser ausgießen muss ".
[158] „Ja, erst vor kurzem schnitt ihm ein Barbier die Nägel: Er sammelte sie auf, nahm alle Schnipsel mit".
[159] „Wenn du an einem Festtag etwas verschwendest, musst du an einem Werktag Not leiden, wenn du nicht gespart hast".
[160] RAU (2008): 5f.

Zu diesem Geiz, der, besonders in der Beschreibung des Strobilus, vollkommen absurd anmutet[161], kommt ein ausgeprägtes Misstrauen gegenüber Anderen, verbunden mit dem ständigen Wahn, man könne ihm sein Gold stehlen oder auch nur davon erfahren: „iam illuc homo aurum scit me habere, eo me salutat blandius"[162], fürchtet Euclio beispielsweise, als Megadorus ihm begegnet (II, 2). Euclio wird deswegen nicht müde, gegenüber anderen ständig zu erwähnen, wie arm er doch sei: „me autem esse hominem pauperum pauperrimum"[163] (II, 2).

Dabei weiß in Wirklichkeit niemand, dass Euclio Gold besitzt, jeder hält ihn für einen überaus armen Menschen, der „ex paupertate", aus Armut, geizig ist (Megadorus in II, 2). Die Sklavin Staphyla scherzt gar mit ironischem Unterton: „Ego intus servem? An ne quis aedes auferat?"[164] (I, 2).

Witziger Weise wird Euclio gerade sein unbegründetes Misstrauen zum Verhängnis[165]: Aus Angst sucht er ein neues Versteck für den Goldtopf, wodurch der Sklave des Lycondides erst darauf aufmerksam wird und es schließlich stiehlt (vgl. IV, 8)[166].

Aus Geiz und Misstrauen entstehen bei Euclio eine ausgeprägte Besessenheit: „nunc domum properare propero, nam ego met sum hic, animus domi est"[167] (II, 2)

Dass Euclio allein von dem Gedanken an das Gold besessen ist und an nichts mehr anderes denken kann zeigt sich vor allem, als er es nicht mehr hat. Er läuft nämlich völlig orientierungslos umher, weil das Zentrum seines Fühlens und Denkens verloren gegangen ist: „nescio, nil video, caecus eo atque equidem quo eam aut ubi sim aut qui sim"[168]. Wahrscheinlich ist es diese Erfahrung, die Euclio letztendlich erkennen lässt, dass ihm das Gold nur Qualen und Sorgen bereitet hat, er es jedoch nicht nutzen konnte. „Er ist wie jener um seinen stets vergraben gehüteten und dann gestohlenen Schatz jammernde, dem ein Passant zuruft: ‚Puis que vous ne touchiez jamais à cet argent: / Mettez une pierre à la place, / Elle vous vaudra tout autant.' (La Fontaine, ‚Fables' 4,20)"[169]

---

[161] vgl. EBERLE (2006): 37
[162] „Dieser Mensch weiß schon, dass ich Gold habe, deswegen grüßt er so freundlich".
[163] „Ich bin aber von den Armen der ärmste Mensch".
[164] „Ich soll im drinnen wachen? Wohl damit niemand das Haus stiehlt?".
[165] vgl. EBERLE (2006):38
[166] In diesem Zusammenhang wird auch der Wortwitz des Namens Euclio deutlich, was – in Anbetracht dessen, dass er sich den Schatz stehlen lässt - ironischer Weise soviel bedeutet wie: „Der gut abschließt" (RAFFAELLI in LEFEVRE (2001):143).
[167] „Nun beeile ich mich, nach Hause zu eilen, denn ich bin zwar hier, mein Geist aber ist zu Hause".
[168] „Ich weiß nichts, ich sehe nichts, ich gehe blind und fürwahr, wohin gehe ich oder wo bin ich oder wer bin ich?"
[169] RAU (2008): 6

Soweit sich das Stück rekonstruieren lässt, schenkt Euclio den Schatz am Schluss seiner Tochter und Lycondides zur Hochzeit und wird damit wieder in den Zustand zurückversetzt, in dem er sich vor seinem Fund befand. Mit seinem freigiebigen Geschenk hat er damit seinen übertriebenen Geiz besiegt und hat sich seiner paranoiden Sorge um das versteckte Geld entledigt. „Sein Geiz ist (...) hauptsächlich die lächerliche Verwirrung eines an Armuth gewohnten (...) Mannes; sein Geiz ist darum auch nur eine kurze Episode seines Lebens, die wieder aufhört, nachdem er eingesehen hat, dass ihm der Reichthum noch mehr Qualen bringt, als seine frühere Armuth"[170].

Der Geizige bei Molière

Plautus Figur des Geizigen wurde von sehr vielen Autoren rezipiert[171]. So ist es nicht verwunderlich, dass Harpagon nicht nur Züge von Euclio aufweist, sondern verschiedene vorangegangene Geizigenporträts verbindet[172].

Im Gegensatz zu Euclio ist Harpagon, bevor er am Vorabend der Handlung die Kassette mit 10.000 Écus erwarb und sie aus Angst vor Diebstahl in seinem Garten vergrub, mitnichten ein armer Mann. Er sitzt jedoch genauso wie Euclio auf seinem ganzen Geld und gibt nichts davon her. „Et que nous servira d'avoir du bien (...)?", fragt Cléante seine Schwester in I, 2 und impliziert damit, dass das Geld nichts nützt, wenn der Vater davon nichts hergibt. Im Prinzip lebt Harpagon so sparsam wie der (trotz des Goldtopfes) tatsächlich von Armut bedrängte Euclio: Auch Harpagon ist nicht mal am Tage der Hochzeit seiner Tochter dazu in der Lage, ein wenig freigiebiger zu sein und seinen Gästen wenigstens ein ordentliches Mahl zubereiten zu lassen (vgl. III,1).Damit erfüllt das Geld auch in Harpagons Leben bloß einen Selbstzweck.

Harpagon bewacht sein Geld aber nicht nur, er versucht seinen Reichtum auch gleichzeitig ständig zu vergrößern: So verleiht er sein Geld beispielsweise zu Wucherzinsen (vgl. II, 2). Sein Geiz ist gepaart mit Habsucht, was zum Ziel hat, seinen Reichtum und damit sich selbst immer weiter zu erhöhen. In Harpagon stellt Molière einen Menschen dar „in dem alles edle Gefühl und jede menschliche Regung durch die unersättliche Begierde nach Gold erstickt sind"[173]. Harpagons daraus resultierende geizige Art lässt auch in Bezug auf seine Person absurd

---

[170]SPENGEL (1866): 111f
[171] vgl. EBERLE (2006): 21
[172] vgl. EBERLE (2006):129
[173]SPENGEL (1866): 111

anmutende Anekdoten aufkommen, an denen ihn La Flèche nach Aufforderung Anteil nehmen lässt:

> „Celui-là conte qu'une fois vous fîtes assigner le chat d'un des vos voisins, pour vous avoir mangé un reste d'un gigot de mouton. Celui-ci, que l'on vous suprit une nuit, en venant dérober vous-même l'avoine de vos chevaux" (III, 1).

Diese Geschichten treffen Harpagon jedoch: Er gerät in Wut und jagt La Flèche unter Stockschlägen fort (vgl. III, 1). Er lässt sich durch die Worte La Flèches beleidigen, was seinen Wunsch nach Anerkennung verdeutlicht[174].

Von Euclio erbt Harpagon neben der übergroßen Sparsucht auch das Misstrauen und dann, als ihm das Geld gestohlen wird, auch dessen wahnsinniges Verhalten. Besonders in der Klageszene werden die Parallelen zu Euclio deutlich, auch Harpagon ist völlig orientierungslos:

> „Je suis perdu, je suis assassiné, on m'a coupé la gorge, on m'a dérobé mon argent. Qui peut-ce être? (…) Où courir? Où ne pas courir? N'est il point là? N'est-il point ici? Qui est-ce? (…) Mon esprit est troublé, j'ignore, où je suis, qui je suis et que je fais" (IV, 7).

Harpagons Wahn geht jedoch noch weiter. Für ihn hat das Geld nicht nur materiellen Wert, sondern er personifiziert sein Geld und hat zu ihm gar so geartete emotionale Gefühle wie zu einer Geliebten:

> „Mon pauvre argent, mon pauvre argent, mon cher ami! On m'a privé de toi; et puisque tu m'es enlevé, j'ai perdu mon support, ma consolation, ma joie; (…) sans toi, il m'est impossible de vivre".

Dass ihm das Geld noch mehr wert ist, als die Liebe zu einer realen Person, wird auch dadurch deutlich, dass er im Tausch gegen die Kassette auf Mariane verzichtet (vgl. V, 6).

Bis zum Schluss bleibt Harpagon von demselben Geiz beseelt, seine Charakterzeichnung wird von Molière konsequent bis zum Ende durchgeführt[175]. Selbst als Seigneur Anselme seine Familie wieder findet, schlägt Harpagon daraus noch Profit, indem er Seigneur Anselme in dessen Glück nicht nur versprechen lässt, auf die Mitgift für Élise zu verzichten, sondern auch, die Kosten für die Hochzeiten seiner beiden Kinder zu übernehmen, Harpagon überdies noch den Anzug für die Hochzeit machen zu lassen und den für den Diebstahl der Geldkassette herbeigerufenen Polizeibeamten zu bezahlen (V 6).Noch im Schlusssatz des Stückes geht Harpagon, um nach seiner Geldkassette zu sehen. Er ist weit davon entfernt, zu erkennen, dass er von seinem Geld beherrscht wird.

---

[174] vgl. EBERLE (2006): 129
[175] vgl. EBERLE (2006): 129

Das Gegenteil ist der Fall, er meint sogar, das Thema werde immer nur von außen an ihn herangetragen: „Que diable, toujours de l'argent! (...) Toujours parler d'argent. Voilà leur épée de chevet, de l'argent" (III, 1). So bleibt er ein Gefangener seines Charakters, der ihn an sein Geld fesselt. „Molière entrollt dabei ein düsteres Familiengemälde und zeigt den Vater im Zwiespalt mit den Kindern, die sich offen gegen ihn auflehnen"[176].

Die Motivierung des Geizes

Wie nun lassen sich die grundlegenden Unterschiede zwischen den Charakteren von Euclio und Harpagon beschreiben? Wie gezeigt wurde, sind beide Charaktere manisch sparsüchtig, überaus misstrauisch und von ihrem Geld wie besessen. Jedoch bleibt festzuhalten, dass Euclio sich am Ende wandeln und seinen Goldtopf loswerden kann, wogegen Harpagon bis zum Schluss der Geizige bleibt. Um dieser Sache auf den Grund zu gehen, ist zu betrachten, wie der Geiz der beiden jeweils motiviert ist. Daraus „lässt sich die Verschiedenheit ihrer Anschauungen und Auffassungen am deutlichsten erkennen"[177].

Interessant ist, dass Euclio, bevor er durch seinen Hausgeist zu dem Geld kam, ein einfacher Mann war.

> „Bei Plautus hat der Geizige seinen Schatz *gefunden*, (...) sein Geiz ist eine von außen herbeigeführte, durch den Zufall des gefundenen Schatzes entstandene Leidenschaft, hauptsächlich die lächerliche Verwirrung eines an Armuth gewohnten und durch den plötzlichen Reichthum außer Fassung gebrachten Mannes"[178].

Primär steht bei Euclio die eigene finanzielle Absicherung im Vordergrund und zwar die eigene finanzielle Absicherung für später irgendwann einmal, denn er hält sein Gold ja stets zusammen. Das lässt sich besonders an der Szene erkennen, in der er zum Markt geht, um etwas für die Hochzeit seiner Tochter zu kaufen, es aber letzten Endes mit der Begründung nicht tut, das Geld für später aufheben zu müssen (vgl. II, 8).

Harpagon dagegen ist auch vor dem Erwerb der Geldkasette mit den 10000 Écus ein reicher Mann.

---

[176]LOTHEISSEN in EBERLE (2006): 130
[177]SPENGEL (1866): 111
[178]SPENGEL (1866): 111f.

„Bei Molière hat der Geizige sein Vermögen selbst *erspart*, Jahre lang Tag und Nacht zusammengeschart, seine Leidenschaft ist eine ihm alt geworden, eine in's Blut übergegangene Krankheit, die er nur mit dem Leben wieder lassen kann"[179].

Harpagons ständige Habsucht und seine Gier nach mehr lässt sich mitnichten mit Euclios ängstlichem Bewachen und Verstecken seines einzigen wertvollen Besitzes vergleichen.

Dieser große Unterschied zwischen den beiden führt dazu, dass die beiden Autoren ihre Stücke unterschiedlich schließen – und schließen müssen.

---

[179]SPENGEL (1866):112

Schlussbemerkung

Der Fülle der Thematik ist diese Arbeit leider einiges schuldig geblieben, besonders die sprachliche Betrachtung und die Berücksichtigung des gesellschaftlichen Kontextes des jeweiligen Stückes wären für die Betrachtung der Geizigenporträts und der Stücke insgesamt noch aufschlussreich gewesen.

Wie im Anfang der Arbeit angekündigt, war mir wichtig zu ergründen, woher die Unterschiede in den Persönlichkeiten der Geizigen motiviert sind. Fraglich ist, ob das Eingangszitat über Molière auch auf seine Verarbeitung des plautinischen Stückes zutrifft.

> „Un homme arrive enfin, qui règle, dose et choisit; qui prend un peu, mais donne davantage. (...) En ses heureuses mais le cuivre devient or. Cet homme, c'est MOLIÈRE"[180].

Im Grunde hat Molière doch eine widerliche Person erschaffen, bei der, wie schon gesagt, „alles edle Gefühl und jede menschliche Regung durch die unersättliche Begierde nach Gold"[181] im Grunde nicht existent sind, während Plautus' Euclio schlussendlich einsichtig ist. Dies könnte zu der Annahme führen, dass

> „Plautus die Situation überall, wo sie ernst zu werden droht, in's Komische überzieht, damit der Zuschauer den Geizigen nicht hasse, sondern nur über ihn lache, während Molière die Personification des verabscheuungswürdigen Lasters darstellt"[182].

Es ist aber doch gerade die bis auf die Spitze getriebene Ausuferung des Geizes des Harpagon, die so extrem ist, dass sie tatsächlich für den Leser zwischenzeitlich anstrengend, ja nervig ist, die von hinterher betrachtet gerade die Komik der letzten beiden Akte auslöst und insbesondere die Verwechslungsszene im Vergleich zu Plautus noch witziger wirken lässt und selbst beim bloßen Lesen zum Lachen reizen („Brûlé pour ma casette!" (V, 3)).

Die Bewertung jedoch, inwieweit Molière das Stück des Plautus tatsächlich vergoldet hat, ist subjektiv und muss auch noch anderen Kriterien unterliegen. Unstrittig bleibt, dass Plautus sowie Molière mit ihren Stücken jeweils ein Meisterwerk geschaffen haben, welches jeweils, um in der Thematik der Stücke zu bleiben, ein Schatz der Literaturgeschichte ist.

---

[180]FOURNIER in EBERLE (2006): 122
[181]SPENGEL (1866): 111
[182]SPENGEL (1866):111

Literaturverzeichnis

Primarquellen

Molière. L'Avare, ed. Couton, G. (Paris, 1972).

Titus Maccius Plautus. Aulularia, ed. Rau, P.in: Plautus, Komödien (Darmstadt, 2008).

Sekundärquellen

Eberle, K. (2006): Plautus' Aulularia in Frankreich, Tübingen.

Lefèvre, E. (2001): Plautus' Aulularia, Tübingen.

P. Rau (2008): Plautus, Komödien, Darmstadt.

Spengel, L. (1866): „Wagner, de PlautiAulularia", in: Süddeutsche Zeitung für Philologie und Gymnasialwesen 2, S. 110-113.

Zilly, B. (1979): Molières „L'Avare"- Die Struktur der Konflikte, Berlin.

(Anonym): Molière: „Le Tartuffe ou L´Imposteur"- Leben, Werk und Spracheinordnung der Komödie

Einleitung

„Le Tartuffe ou L´Imposteur" ist mit Sicherheit das umkämpfteste Werk Molières, das nicht nur die Gesellschaft, die Kirche und den Hof in heftige Diskussionen versetzte, gar spaltete, sondern auch die Persönlichkeit Molières zutiefst veränderte.

Die „Querelles de Tartuffe", also die Kämpfe und Aufführungsprobleme um das Stück erstrecken sich über einen Zeitraum von 5 Jahren(1664- 1669). In diesen Jahren sah sich Molière der Kritik der Kirche, des Hofes und verschiedener Religionsverbände, wie das der „Compagnie du Saint- Sacrement" ausgesetzt, fand aber auch Unterstützung und Zuspruch in seinem Handeln von Louis XIV., König von Frankreich in den Jahren 1643- 1715.

In dem Stück „Le Tartuffe ou L´Imposteur" erreicht die Politisierung der Komödie ihren Höhepunkt und lässt den Einfluss des Theaters auf die Gesellschaft erahnen.

In dem Stück setzt sich Molière mit einer gesellschaftlichen Fehlentwicklung auseinander, nämlich mit den Gefahren, die der zunehmende Einfluss orthodoxer religiöser Kreise sowohl für die Freiheit des Individuums als auch für die Gesellschaft insgesamt mit sich brachte. Er moniert die falsche Frömmigkeit, die sich wie eine Seuche über das Land legte und Ausdruck fand, in den sog. „directeur de conscience", die unter heuchlerischen Vorgaben sich in die Häuser reicher, bürgerlicher Familien einschlichen, um ihre Irrlehren zu verbreiten und um sich finanziell zu bereichern.

Einerseits kritisiert Molière die Heuchelei mancher Vertreter des geistigen Ordens und deren vorgetäuschte Frömmigkeit, andererseits beklagt er sich über die Leichtgläubigkeit und die Oberflächlichkeit der Bürger, die zum Zwecke ihres Seelenwohls alles unternahmen und in Kauf nahmen, ohne das Geschehene zu hinterfragen.

Um eine angemessene Einordnung des Stückes vornehmen zu können, skizziert diese Arbeit zunächst Molières Leben.

Durch die Offenlegung seiner Vita erhält man einen Eindruck über seine Vorstellung von einer gelungen Theaterinszenierung und seine Auffassung von gesellschaftlich, aktuellen Themen.

Anschließend werden die „Querelles de Tartuffe" der Jahre 1664- 1669 dargestellt, da die Nebenschauplätze des Stückes, also die Kämpfe der Kirche und der Kritiker mit dem Werk Molières, erheblich sind für die Entwicklung des „Tartuffes", als auch für die Persönlichkeitsentwicklung Molières.

Daran anschließend stellt diese Facharbeit die Sprachentwicklung im Frankreich des 17. Jahrhunderts dar und versucht einen Bezug herzustellen, inwieweit die Spracheingriffe (Sprachpurismus; „doctrine classique") sich auf die Federführung Molières bemerkbar machten und in welcher Weise sie im Werk „Le Tartuffe" zum Ausdruck kamen.

Im Hauptteil befasst sich die Arbeit mit der textimmanenten Analyse des „Tartuffe" und versucht Auffälligkeiten im Sprachgebrauch aufzudecken und herauszustellen.

Eine zentrale Frage wird sein, wie Molière es vermochte, anhand der Sprache „Tartuffe" der Heuchelei zu überführen und die Familie Orgons blenden zu lassen.

Des Weiteren werden bestimmte Charakteristika in der Sprachverwendung in Molières Werken herausgestellt und versucht einzuordnen. So findet man in etlichen Textstellen Beispiele, die auf eine spezielle Fachkenntnis einer Materie(Fachsprache der Medizin, der Theologie und der Rechtswissenschaft) rückschließen lassen. Da die Verwendung von Fachsprachen im Zuge der Neugestaltungen verpönt war, ist es auffällig wie häufig er gerade diese „Sprachverbote" in seine Werke mit einfließen ließ.

Abschließend wird die Frage diskutiert, wie es Molière vermochte, entgegen den Sprachreformen und der Ausübung des Sprachpurismus, seinen Sprachstil gegen seine Widersacher zu verteidigen und durchzusetzen und ob er gerade durch diese Sprachverwendung seine Kritiker polarisieren wollte.

Molières Vita

Jean Baptiste Poquelin, der 1643 den Künstlernamen Molière annimmt, wird am 15.1.1622 in Paris getauft. Da die Kinder wegen der hohen Kindersterblichkeit oft noch am Geburtstag oder kurze Zeit später getauft wurden, kommt als Geburtsdatum Molières nur der 13. oder 14. Januar in Betracht.

Sein Vater, Jean Poquelin, 25 Jahre alt, ist „marchand tapissier", d.h. Inhaber eines Dekorationsgeschäftes. Die Familie Poquelin ist seit drei Generationen in diesem Beruf tätig.

Sein Vater erwirbt 1631 das Amt des „tapissier et valet de chambre ordinaire du roi". Dieses Amt bringt den jeweiligen Vertreter in den näheren Umkreis des Königs. Seine Aufgabe besteht darin, jährlich drei Monate lang mit zwei Dienern das Bett des Königs zu machen und sich um Pflege und Erhalt des königlichen Mobiliars zu kümmern.

Erschöpft durch die rasch aufeinander folgenden Schwangerschaften stirbt Marie Cressé, die Mutter von Molière im Mai 1632. Auch die zweite Frau von Molières Vater stirbt nach wenigen Jahren der Ehe, sodass Molière ab seinem fünfzehnten Lebensjahr Halbwaise ist.[183]

Seine Schulzeit absolvierte er von 1631- 1639 auf dem von Jesuiten geführten „Collège de Clermont", wo er eine solide klassische Bildung genoss und einige für seinen Lebensweg interessante Mitschüler kennen lernte. Angeblich soll er dort von dem bekannten Philosophen Gassendi unterrichtet worden sein. 1637 erwirbt der Vater für Molière die „survivance", d.h. die Vererbung des Amtes.

Ab dem Jahr 1640 soll er ein Jurastudium in Orléans begonnen haben, wo er den Doktorgrad erworben haben soll. Jedoch ist sich die Forschungsliteratur nicht einig über seine universitäre Karriere, sodass diese Periode nicht ganz klar eingeordnet werden kann. Zahlreiche Passagen seiner Werke geben aber Einsicht in eine umfassende Kenntnis der Rechtsmittel.[184]

1642 lernte er die zwei Jahre ältere Schauspielerin Madeleine Béjart kennen, die ihn in seinem Drang zum Theater bestärkte – zweifellos gegen den Willen seines Vaters, von dem er beauftragt wurde, in Ausübung seines Amtes als „tapissier" Ludwig XIII. auf einer längeren Reise als Einrichter der wechselnden königlichen Nachtquartiere zu begleiten.

---

[183] Vgl. Grimm, Jürgen: *Molière*, Weimar, 2002, S.12.
[184] Vgl. Ebda., 14

1643 übertrug er jedoch das ungeliebte Amt auf seinen jüngeren Bruder, ließ sich einen Vorschuss auf das Erbe seiner Mutter auszahlen und gründete zusammen mit den drei Geschwistern Béjarts und fünf weiteren Schauspielern das „Illustre Théâtre".[185]

Dem „Illustre Théâtre" ist nur eine zweijährige Lebensdauer beschieden. Es gibt von 1643- 1645 zwei Phasen zu unterscheiden. Die erste Phase, die sich von Sommer 1643 bis Sommer 1644 erstreckt, startet erfolgreich mit aufwendigen Inszenierungen, übernimmt sich finanziell aber erheblich.

Im Dezember 1944 erfolgt ein teurer Umzug auf die „Rive droite", da man sich von der neuen Lage einen größeren Zuspruch des aristokratischen Publikums versprach. Durch die umgebende Konkurrenz der anderen Theatertruppen, wie dem „Hôtel de Bourgogne" und des „Théâtre du Marais", blieben die Zuschauerzahlen eher dürftig und veranlassten Molière somit zur Aufnahme von Schulden. Da Molière der Hauptbürge seines Theaters war, wird er zeitweilig auf Betreiben von Gläubigern inhaftiert, doch bald wieder freigelassen.[186]

Im selben Jahr signiert Poquelin erstmals mit seinem Künstlername Molière (28. Juni 1644), wahrscheinlich um seine Verbundenheit zum Theater Ausdruck zu verleihen. Schon 1645 ging das „Illustre Théâtre" Pleite und wurde vollständig aufgelöst.

In seiner ersten Schaffensperiode konnte sich Molière auf einen angesehenen und mächtigen Förderer verlassen. Der Bruder des verstorbenen Königs Ludwig XIII., der Gaston von Orléans, nahm sich Molière an und unterstützte ihn nach Kräften.

Nach dem Scheitern des „Illustre Théâtre" und der Entlassung aus dem Gefängnis kehrt Molière zusammen mit den Béjarts Paris den Rücken und es beginnt eine dreizehnjährige Wanderzeit durch die Provinz Frankreichs. Sie schlossen sich der Wandertruppe des Schauspielers Charles Dufresne an, die vom Duc d'Épernon protegiert wurde und hauptsächlich in West- und Südfrankreich umherzog. Nach Grimm lassen sich vier Phasen dieser Wanderjahre unterscheiden.

Eine erste Phase erstreckt sich bis Sommer 1650, in der die Truppe in Städten wie Rennes, Nantes, Bordeaux, Toulouse auftreten und sich der Protektion des Duc d´Épernon gewiss sind.

Im Juli 1650 verliert die Schauspielgruppe ihren Schirmherrn. In der sich anschließenden zweiten Phase (Herbst 1650- Herbst 1653) durchstreift sie vor

---

[185] Vgl. http://de.wikipedia.org/wiki/Moliere
[186] Vgl. Grimm, Jürgen: *Molière*, Weimar, 2002, S.15.

allem den Süden und den Südosten des Landes. Im Herbst 1653 gewinnt die Truppe die Gunst des Prinzen von Conti, dem dritten Mann im Staat. Sie darf sich von nun an „Troupe de Mgr. le prince de Conti" nennen, womit gleichzeitig auch die dritte Phase der Wanderjahre beginnt. Der Ruf der Truppe eilt ihr voraus. Somit wachsen ihr Erfolg und ihr Einkommen auch äquivalent.

Die vierte Phase reicht bis zur Rückkehr und endgültigen Niederlassung in Paris (1658).[187]

Unterstützt wird die Wiederkehr und die Niederlassung durch „Philipp von Orléans", den Neffen des „Gaston von Orléans". Er gewährt der Truppe Protektion und die Bereitstellung von finanziellen Mitteln.

Am 24. Oktober spielt die Truppe erstmals vor dem Hof, zuerst mit mäßigem Erfolg die Tragödie „Nicomède" von Pierre Corneille, dann die eigene Farce „Le Docteur volant".

Diese gefiel dem jungen, eben 20-jährigen König so sehr, dass er der Truppe erlaubte, im Saal des an den Louvre grenzenden, zum Abriss bestimmten „Petit-Bourbon" zu spielen.

Den Durchbruch erzielt Molière im November 1659 mit seiner Komödie „Les précieuses ridicules", in der er den beiden Protagonistinnen, zwei naiven Bürgermädchen, die sich oberflächlich auf das Preziösentum und auf die galante Lebensweise verstehen, der Lächerlichkeit preisgibt.

Mit diesem satirisch- gesellschaftskritischen Stück schafft Molière sich erste Neider und auch Feinde, darunter den Verwaltungschef der königlichen Schlösser, der quasi über Nacht und just zu Beginn der Spielzeit 1660/ 1661 den Abriss des „Petit-Bourbon" verfügt. Molière bleibt drei Monate ohne Spielstätte, ehe er vom König den Saal des „Palais-Royal" zugewiesen bekommt.[188] Der nächste große Erfolg ist Ende 1662 mit „L'École des femmes", ein Stück, in dem Molière für eine gemäßigte Emanzipation der jungen Frauen und ihr Recht auf eine Liebesheirat eintritt, womit er eine heftige Kontroverse auslöst, die er mit den Stücken „La Critique de l'École des femmes" und „L'Impromptu de Versailles" (beide 1663) weiter anheizt. Dem König scheint dies zu gefallen, denn er setzt ihm eine Pension von 1000 Livres jährlich aus und wird im Januar 1664 sogar Taufpate seines ersten (allerdings bald verstorbenen) Kindes. Im Mai 1664, inzwischen ist Molière zum „maître de plaisir" des Königs avanciert, organisiert

---

[187] Vgl. Grimm, Jürgen: *Molière*, Weimar, 2002, S.16 ff.
[188] Vgl. Grewe, Andrea: Die *französische Klassik. Literatur, Gesellschaft und Kultur des 17. Jahrhunderts*, Stuttgart, 1998, S. 98 ff.

Molière ein dreitägiges Hoffest im neuangelegten Park von Versailles. Dort führt er nach drei unverfänglichen Komödien „La Princesse d'Élide", „Le Mariage forcé" und „Les fâcheux" eine erste Version des „Tartuffe" mit dem vollständigen Titel „ Le Tartuffe ou l´hypocrite" auf.[189]

Die nächsten Jahre Molières waren bestimmt von der fünf Jahre dauernden „Querelle de Tartuffe", d. h. der Kampf gegen die Intrigen der „Cabale des dévots", die z. T. in einem mysteriösen Geheimbund organisiert waren, der „Compagnie du Saint-Sacrement".

Immerhin sah sich Molière vom König insofern unterstützt, als er im Sommer 1665 seine Jahrespension von 1000 auf stolze 6000 Livres erhöht bekam und mit seiner Truppe den Titel „troupe du roi" annehmen durfte, beides übrigens kurz nach der Geburt seiner Tochter Esprit-Madeleine, die als einziges Kind überleben sollte.[190]

Am 05.02.1669 wurde „Tartuffe" in seiner Endfassung aufgeführt, mit dem endgültigen Titel „Le Tartuffe ou l´Imposteur".

In den Jahren der „Querelle de Tartuffe" (1664- 1669) verfasste er mehrere Stücke, darunter 1665 „Dom Juan" ,1666 „Le Misanthrope" und 1668 „L´Avare".

Ab dem Jahr 1667 begann Molière sich mehr und mehr auf nicht-kontroverse Themen zu verlegen und versuchte, durch gefällige Stücke, insbesondere der so genannten Ballettkomödien mit Kompositionen von dem Hofmusiker Lully, sein Theater zu füllen und den König bei Laune zu halten.

Das Unglück bricht Anfang 1672 mit Macht über Molière herein. Am 17. Februar 1762 stirbt seine langjährige Geliebte, Freundin und Gefährtin Madelaine Béjart. Etwa gleichzeitig sichert Louis XIV. Lully Privilegien zu, die Molières Handlungsspielraum extrem einschränken. Trotz aller Hemmnisse arbeitet er weiterhin an der Ausarbeitung seiner Werke. Sein letztes Stück „Le malade imaginaire", als Ballettkomödie inszeniert, findet im „Palais Royal" statt und bedeutet für ihn auch seine letzte schauspielerische Leistung auf der Bühne.

Er verstirbt nach der vierten Aufführung am 17 Februar 1673, dem ersten Jahrestag von Madelaines Tod.[191]

Todesursache ist ein unerwartet auftretendes Blutererbrechen im Gefolge einer chronischen Lungenentzündung, unter der er schon seit Jahren gelitten hatte.

---

[189] Vgl. http://www.bautz.de/bbkl/m/moliere.shtml
[190] Vgl. http://de.wikipedia.org/wiki/Moliere
[191] Vgl. Grimm, Jürgen: *Molière*, Weimar, 2002, S. 26.

Noch am Morgen seines Todestages bat Molière um die Spendung der Sterbesakramente. Zwei Priester lehnen ab; ein dritter trifft erst nach seinem Ableben ein. Er stirbt also ohne den Segen der Kirche und darf logischerweise auch nicht kirchlich bestattet werden.

Erst auf Gesuch Armandes beim Erzbischof erteilt dieser die Erlaubnis zur Bestattung, unter der Voraussetzung, die Zeremonie nicht pompös oder glamourös gestalten zu dürfen.

Die Beisetzung erfolgt letztendlich am 21. Februar 1673.

„Les Querelles de Tartuffe" (1664 - 1669)

Le „Tartuffe" nimmt mit Abstand aufgrund seiner Entstehungs- und Wirkungsgeschichte einen besonderen Platz unter den politischen Komödien Molières ein. Nach Aussage der gängigen Forschungsliteratur beschäftigte sich Molière mit großer Wahrscheinlichkeit schon im Sommer 1663 mit dem Stück.[192]

Schon vor der Uraufführung am 12.05.1664 ist das Stück den kirchlichen Kreisen ein Dorn im Auge. Schon am 17.04.1664 debattiert die „Compagnie du Saint-Sacrement" (im Folgenden: CSS) über das bald erscheinende Werk und erarbeitet Lösungsvorschläge, um das Stück boykottieren zu lassen.

Doch ungeachtet der umkreisenden Intrigen wird „Le Tartuffe" im Rahmen der Festlichkeiten der „Plaisirs de l'île enchantée" uraufgeführt. Molière wurde als „maître de plaisir" vom König beauftragt, die dreitägige Feier im neuangelegten Park von Versailles zu organisieren und die entsprechenden Stücke zu präsentieren.[193]

Um die erste Version des Stückes „Le Tartuffe", d.h. die Realisierung und Inszenierung der Komödie, kursieren mehrere Forschungsannahmen.

Unbestritten ist, dass lediglich drei des heute fünfaktigen Lustspiels aufgeführt wurden.

Es stellt sich nun die Frage wie der „Urtartuffe" letztendlich inszeniert wurde. Führte Molière ein unvollendetes Stück, gar mit offenem Ende auf, oder war der Dreiakter ein in sich geschlossenes Werk.

Duchêne geht davon aus, dass es sich hierbei um ein abgerundetes Werk handelte, wobei etliche Einzelheiten und Szenen noch nicht existierten.[194]

Um diese These zu stützen findet man in dem „Registre" von La Grange, ein Weggefährte Molières, der Buch über die Ereignisse, Episoden und Finanzen führte, eine ausdrückliche Stellungnahme zum „Urtartuffe". La Grange vermerkt unmissverständlich, dass es sich lediglich um drei Akte handelte.

Jasinski gibt zu bedenken, dass der damalige Schluss des Dreiakters vom „Tartuffe" charakteristisch für das Ende von Molières Komödien sei. So endet der

---

[192] Vgl. Grimm, Jürgen: *Molière*, Weimar, 2002, S. 91.
[193] Vgl. Grewe, Andrea: Die *französische Klassik. Literatur, Gesellschaft und Kultur des 17. Jahrhunderts*, Stuttgart, 1998, S. 98 ff.
[194] Vgl. Dûchene, Roger: *Molière*, Librairie Arthème Fayard, 1998, S. 98 ff.

„Urtartuffe" mit dem totalen Sieg des Heuchlers über Organ und dessen Familie.[195]

Die Provokation die Molière mittels seiner Figur erreichen wollte war eindeutig. Gestützt durch den Untertitel des Werkes „Le Tartuffe et l'hypocrite" wird diese Provokation gleich von Anfang an deutlich gemacht.

Mittels der Figur des Tartuffe, der einer niederen sozialen Herkunft entstammt, eine Tonsur trägt und dem geistlichen Stand angehört, ist es unschwer zu erkennen, welche Form von Kritik Molière an der Gesellschaft und an der Kirche üben will.

Molière moniert die falsche Frömmigkeit, die zur damaligen Zeit recht verbreitet war unter den geistlichen Vertretern der Kirche. Durch das Vorgeben einer aufgesetzten Gottgefälligkeit versuchten die „faux dévots" als sog. Gewissens- bzw. Moralerzieher sich in reiche Haushalte einzuschleichen, um auf diese Weise an die Geldbestände der Geblendeten zu gelangen.

Das Stück wurde auf das Wirken verschiedener Kreise unmittelbar nach der Aufführung verboten, wobei das Verbot sich nur auf das Spielen auf öffentlichen Plätzen beschränkte, nicht aber auf Privatvorführungen. Dieses Interdikt sprach König Louis XIV. persönlich aus, obwohl ihm das Stück äußerst zusagte und er vorab der Aufführung über den Inhalt in Kenntnis gesetzt wurde.

Verantwortlich für dieses Verbot sind wahrscheinlich Ludwigs ehemaliger Erzieher, de Péréfixe, Erzbischof von Paris und Mitglied der CSS, sowie seine Mutter Anne d'Autriche, die zum damaligen Zeitpunkt noch einen erheblichen Einfluss auf Louis XIV. hatte.

Eine Privataufführung im Hause des Prinzen Condé zeigt wiederum den „Tartuffe" als Fünfakter im Jahre 1664.

Im August desselben Jahres gibt Pierre Roullé eine Schrift mit dem Titel „Le roi glorieux au monde où Louis XIV. le plus glorieux de tous les rois du monde", in der er den König unverhüllt umschmeichelte und Molière heftige Kritik angedeihen ließ.[196]

Er wirft Molière vor, dass er mittels des Tartuffe die Dogmen der Kirche und der Religion verspottet und die „direction de conscience" angreift.

---

[195] Vgl. Jasinski, R.: À travers le XVII siècle, Bde., Paris, 1981, S. 156 ff.

[196] Vgl. Heiss, Hans: Molière, Wissenschaftliche Buchgesellschaft, Darmstadt, 1967.

Molière weiß sich aber zu verteidigen und geht in seinem Vorwort der zweiten Fassung auf die Vorwürfe Roullés ein. Roullé wird daraufhin vom König gerügt und Mundtot gemacht.

Am 15.2.1665 erscheint Molières Werk „Dom Juan". Dom Juan ist ein frivoler Gotteslästerer, der sein Treiben mit aller Offenheit auslebt und zugibt, dass er mit Heuchelei am besten fährt. Durch die offen zugestandene Darstellung des Atheismus sollte Tartuffe vom Verdacht der Religionsfeindlichkeit losgelöst werden, doch verstanden Molières Kritiker diese Form der Ironie nicht. Er wurde gerade wegen „Dom Juan" als Gotteslästerer hingestellt.

Als Reaktion auf das umstrittene Werk veröffentlicht Rochemont (Mitglied der CSS) seine „Observations" („Observations sur une comédie de Molière intitulée le Festin de Pierre"), indem er Molière als Gotteslästerer hinstellt und fordert, ihm die Sakramente zu entziehen und ihn aus der Kirche zu stoßen. Weiterhin hält er „Le Tartuffe" als Vorspiel, quasi als Vorbereitung auf „Dom Juan".

Im August 1665 wird die Antwort auf Rochemonts Schrift „Lettres sur les Observations" publiziert, an der Molière mitgearbeitet haben soll.

1665 wird Molières Truppe zu den offiziellen „comédiens du roi" ernannt, eine Vertrauensbekundung vom König für Molière.

Am 05.08.1667 erscheint eine überarbeitete Version des „Urtartuffe" mit dem abgeänderten Titel: „Panulphe ou l'Imposteur". Der König befindet sich zum Zeitpunkt der Aufführung auf dem Flandernfeldzug.

Daher übt de Lamoignon in des Königs Abwesenheit die Verwaltungs- und Regierungsgeschäfte aus. Auch er ist ein Mitglied der CSS und somit ein scharfer Gegner des Stückes. Er lässt sogar das Theater schließen, in dem Molière und seine Schauspieltruppe bis dato probten.

Wenige Tage später verbietet de Péréfixe in einem Hirtenbrief unter Androhung der Exkommunikation die Aufführung und die Lesung des verruchten Stückes.

Molière und seine Getreuen verfassen daraufhin eine Bittschrift an den König, in der sie ihn auffordern, ein rechtskräftiges Urteil zu fällen. Der König ließ daraufhin verkünden, dass er sich bei seiner Rückkehr mit dem Stück beschäftigen will und den Streit schlichten werde.

Ende August des Jahres 1667 wird ein anonym verfasster Brief veröffentlicht („Lettre sur la comédie de L´imposteur"), der den Handlungsverlauf der zweiten Fassung Akt für Akt und Szene für Szene beschreibt.[197]

Die auffälligsten Änderungen zu der ersten Fassung betreffen den Protagonisten. Aus dem Heuchler Tartuffe („hypocrite") entwickelt sich der Betrüger Panulphe („imposteur"), der nicht mehr dem geistlichen Stand angehört.

Trotzdem bedurfte es weiterer achtzehn Monate bis die endgültige Fassung für die Öffentlichkeit freigegeben wurde und auch langfristig aufgeführt werden durfte.

Unklar bleiben aber dennoch die Mechanismen, die zur endgültigen Freigabe führten.

Die Molière- Forschung spekuliert, ob das Eingreifen des neuen Papstes Clemens IX. die „Querelles de Tartuffe" mit seiner Erklärung des Friedens („Paix de l´Église")beendeten.

Insgesamt kann man die Freigabe als vollen Triumph Molières über seine Widersacher vermerken, wie auch als Erfolg des jungen Königs sich gegen die konservativen Kräfte am Hof zur Wehr zu setzen.

Die endgültige Aufführung des Tartuffe findet am 05. Februar 1669 statt und ist in der Folgezeit ein regelrechter Publikumsmagnet, was sich anhand der Zuschauerzahlen belegen lässt. In seinem Vorwort betont Molière nochmals ausdrücklich, dass die Inszenierung des Tartuffe sich ausschließlich gegen die „fausse dévotion" richtet.

Für die Ausarbeitung seines Protagonisten bediente sich Molière verschiedener Vorbilder der Literaturgeschichte.

Bereits 1532 erscheint erstmals der literarische Typ des Heuchlers in Aretinos „L´hipocrito", den Molière mit Sicherheit kannte.

Der Name des Titelhelden („Tartuffe") kommt aus dem Italienischen und bedeutet in seinem ursprünglichen Sinn in der Form „tartuffo" als Synonym für „truffe" Betrüger, Gauner oder gar Schurke.

Als Vorlage seines Stückes und seines Protagonisten fand er reichlich Material in den Schilderungen und Berichten über die sog. „directeur de conscience", die zu Zeiten Molières überaus aktiv in den wohlhabenderen Haushalten der oberen Schicht waren.

---

[197] Vgl. Grimm, Jürgen: *Molière*, Weimar, 2002, S. 94.

Man vertraute sich in Gewissensfragen den „directeur de conscience", die als Laie (keine Vertreter des geistlichen Ordens) sich den Problemen und Ängsten der Bürger annahmen.

Sie wohnten in den Häusern der Familie und befassten sich mit der Erziehung der Kinder und der Gewissensführung der Eltern.[198]

Sie waren theologisch gebildete Männer, die aber nicht mit kirchlichen Weihen ausgestattet waren.

Molière moniert folglich die Verstellung und die scheinheilige Frömmigkeit mancher Menschen, die sich einer bestimmten Position anmaßten, um leichtgläubige und oftmals geistig blinde Menschen zu täuschen und zu hintergehen.

So ist es nicht abwegig, dass der „Urtartuffe" den Untertitel „hypocrite" trug. Hypokrisie meint die Anpassung und die Verstellung in der höfischen Gesellschaft.

Mit seinem Werk stellt Molière die Vertreter der „fausse dévotion", also der vorgeheuchelten Frömmigkeit an den Pranger und kritisiert das im 17. Jahrhundert auftretende gesellschaftliche Phänomen der Heuchelei, der Verstellung, der Oberflächlichkeit und der Leichtgläubigkeit, die am deutlichsten in den pulsierenden „Salons" auftraten.

Als weiterer Urheber der „Querelle de Tartuffe" gelten die Anhänger der „parti dévot", die der CSS angehörten. Sie setzen sich aus Vertretern des Feudaladels und des gehobenen Bürgertums zusammen und haben sich der Ausübung frommer Werke verschrieben. Es handelt sich um eine laizistische theologische Reformbewegung, in der Geistliche keine Ämter ausüben dürfen. Ihr Betätigungsfeld ist wie das der „directeur de conscience" das Haus einer bürgerlichen Familie.

Ziel ist ebenfalls die ordentliche Gewissensführung der Betrauten und die korrekte, fromme Einstellung zum Leben und zu Gott.

Diese Form der Organisation, die größtenteils im Untergrund operierte, stieß auf große Missgunst von Mazarin und Richelieu, erhielt aber Rückendeckung bei der Königinmutter. Ende 1660 wird sie zwar verboten, setzt aber ihre Tätigkeit dennoch fort. Der Tod der Königinmutter im Jahre 1666 bedeutet das Ende dieser Verbindung.[199]

---

[198] Vgl. Ebda., S. 96 ff.
[199] Vgl. Grimm, Jürgen: *Molière*, Weimar, 2002, S. 99 ff.

Sprachentwicklung im Frankreich des 17. Jahrhunderts

Die Doctrine classique

Die Geschichte der modernen französischen Poetik beginnt im 16. Jahrhundert mit der Wiederentdeckung der griechischen Originalfassung von Aristoteles Schrift „Von der Dichtkunst".

Diese „Anleitung zur Dichtkunst und Formaufbau" übte im 17. Jahrhundert einen großen Einfluss auf die französischen Theoretiker und die Entstehung der normativen Poetik aus.

Schließlich fasst Nicolas Boileau in seinem „Art poétique" (1674) die erarbeiteten Prinzipien der *doctrine classique* noch einmal allgemein verständlich zusammen.[200]

Inhalt der *doctrine classique* ist eine Kodifizierung der Literatur in einem bestimmten Genre.

Sie steht für eine Herausbildung einer neuen sprachlichen Norm und eines neuen Verhaltenskodex.

Ihren deutlichsten Ausdruck findet diese Funktionalisierung in der Gründung der „Académie francaise" (1635), mit deren Hilfe Richelieu die pädagogische Leistung der Literatur in den Dienst des Staates stellen will.

Grundlage dieses sprachpflegerischen Interesses ist die Überzeugung, dass sich die politisch- militärische Bedeutung eines Landes in seinen geistigen und künstlerischen Leistungen spiegelt. Frankreich pochte somit also auch auf eine Führungsrolle in den obig genannten Leistungen.[201]

Man war der festen Überzeugung, dass die Existenz einer einheitlichen, von Regionalismen gereinigten Sprache einen wichtigen Beitrag zur politischen Einigung des Landes beitragen würde.

Die offizielle Aufgabe der „Académie francaise" war und ist die Vereinheitlichung und Pflege der französischen Sprache, insbesondere durch die Erarbeitung eines Wörterbuchs sowie anderer Referenzwerke (Grammatik, Rhetorik, Poetik).

---

[200] Vgl. Grewe, Andrea: Die *französische Klassik. Literatur, Gesellschaft und Kultur des 17. Jahrhunderts*, Stuttgart, 1998, S. 42.
[201] Vgl. Grewe, Andrea: Die *französische Klassik. Literatur, Gesellschaft und Kultur des 17. Jahrhunderts*, Stuttgart, 1998, S. 35- 39.

Die „Académiciens" sind im Allgemeinen Leute, die sich einen Namen vor allem oder auch als Autoren gemacht haben, selbst wenn sie im Hauptberuf mitunter etwas gänzlich anderes sind, z.b. Schauspieler, Philosophen, Wissenschaftler, Publizisten, ranghohe Militärs, Politiker oder Geistliche.

Die Akademie umfasst seit 1639 40 Mitglieder bzw. „Sessel". Erst wenn ein Akademiemitglied stirbt, kann ein neues gewählt werden.

Die erste Auflage des Wörterbuchs erschien ab 1694. Weitere Auflagen folgten 1718, 1740, 1762, 1798, 1835, 1878, 1932-1935 und 1992. Die neunte Ausgabe ist in Vorbereitung. Die seit dem 19. Jahrhundert erschienenen Neubearbeitungen und zumal die Auflage von 1932 wurden jedoch immer konservativer und bildeten, indem sie die Umgangssprache und Fachsprachen weitgehend ignorierten, den französischen Sprachgebrauch nur unvollkommen ab.

Die geplante Grammatik und die Rhetorik wurden nie veröffentlicht; die Grammatik erschien erst im Jahr 1932, da die „Académie francaise" die „Remarques" des Hofdichters Vaugelas bis dahin als ihre eigene Grammatik ansah und deswegen keine weitere verfassen wollte.[202]

Die klassische Regelpoetik basiert auf der Überzeugung, dass die Dichtkunst primär eine Technik, ein Handwerk ist, dessen Regeln erlernt werden können. Das beste Mittel dazu ist die Nachahmung der als vorbildhaft geltenden klassischen Modelle.

Vorbilder für die französische Literatur des 17. Jahrhunderts liefern neben der griechisch- römischen Antike vor allem Spanien und Italien.

Gemäß der erzieherischen Funktion, die die Literatur in der Gesellschaft zu erfüllen hat, ist ihr oberstes Ziel die Belehrung, die mit dem Mittel der Unterhaltung erreicht wird.

Den Gegenstand der Literatur bildet die Nachahmung der Wirklichkeit.

Sie darf weder gegen den gesunden Menschenverstand noch gegen die Vernunft verstoßen. Sie muss vielmehr der Wahrscheinlichkeit und den Gesetzen der gesellschaftlichen Schicklichkeit entsprechen. Die wichtigste erzieherische Aufgabe der Kunst besteht darin, die verborgene wahre Natur der Dinge darzustellen, die als prinzipiell vernünftig, gut und schön gedacht wird.[203]

---

[202] Vgl. http://de.wikipedia.org/wiki/Académie_française
[203] Vgl Ebda., S.42/ 43.

Für das Theater gilt auf der dramatischen Ebene die Regel der drei Einheiten, die der Einheit des Ortes, der Zeit und der Handlung verlangt.

Auf der inhaltlichen Ebene erzwingt die Wahrscheinlichkeit, dass nur das dargestellt wird, was der Schicklichkeit entspricht.

So verbieten die „bienséances externes", dass auf der Bühne gegessen, geprügelt und gestorben wird. Die „bienséances internes" fordern die psychologische Glaubwürdigkeit der Figuren und ihrer Handlungen, also die Mimesis von Lebenswirklichkeit und die der handelnden Menschen.

Die Tragödie spiegelt bspw. die Taten und Konflikte von guten Menschen wieder, wohingegen die Komödie die Nachahmung von schlechten Menschen behandelt.

Das Werk besteht als ein ganzes Kunstwerk, in dem die einzelnen Akte und Szenen, sowie der Anfang, die Mitte und das Ende des Werkes unaustauschbar sind.

Im Bereich der Rhetorik unterliegt die Herkunft der einzelnen Personen auch der literarischen Gattung, in der sie auftreten dürfen.

Die verschiedenen „Querelles" entzünden sich an den Verstößen der Autoren gegen diese Regeln. Darunter fällt neben Corneille, La Fontaine auch Molière, die sich auf das Prinzip des „plaire" bezogen.[204]

Prinzipien der Sprachnormierung im 17. Jahrhundert

Purismus

Während die Renaissance die Bereicherung der Sprache mit Fremd- und Fachwörtern propagiert, steht die Entwicklung im 17. Jahrhundert im Zeichen des Purismus, also der Reinheit der Sprache.

Gestützt auf die Forderungen der klassischen Rhetorik (Klarheit und grammatische Korrektheit), verbietet Francois de Malherbe, Hofdichter des Königs Heinrich des IV. (1153- 1610), den Gebrauch von Fremdwörtern, Archaismen, Neologismen, Regionalismen und fachsprachlichem Vokabular.

Bestimmte „unedle" Wörter dürfen nur noch in den niederen literarischen Gattungen benutzt werden, die sog. „mots sales" gar nicht mehr.

---

[204] Vgl. Grewe, Andrea: Die *französische Klassik. Literatur, Gesellschaft und Kultur des 17. Jahrhunderts*, Stuttgart, 1998, S. 43.

Ziel dieses Reinigungsprozesses, der neben dem Wortschatz auch die Morphologie und Syntax erfasst, ist eine Sprache, die sich durch logische Klarheit („clarté") und stilistische Einfachheit („pureté") auszeichnet und sowohl dem kommunikativen Ideal der universellen Verständlichkeit als auch dem ästhetischen der klassischen Einfachheit entspricht.[205]

Im lexikalischen Bereich wendet sich der Purismus vor allem gegen zu wirklichkeitsnahe Wörter wie *„panse", „charogne"," cadavre", „vomir"*, allgemein alles Körperliche.

Auf der konstruktiven Seite dieser Bemühungen stehen präzise semantische Definitionen zur Abgrenzung von Synonymen und bedeutungsähnlichen Wörtern.

In der Syntax bringt der Purismus einerseits eine Regularisierung (systematische Setzung von Personalpronomen und Artikeln), andererseits eine Verkomplizierung der Sprache mit sich (Angleichung des *„participe passé"*, Subjonctif).[206]

Diese Maxime werden von der 1635 gegründeten „Académie francaise" weitergeführt und finden ihre Niederschrift in den nachfolgenden Veröffentlichungen.

Le bon usage

Als Referenz für den „bon usage" dienten nicht mehr wie bisher die Schriften der großen Autoren der Vergangenheit, sondern die gesprochene Sprache der Gegenwart.

„Zur Norm wird daher nicht der Soziolekt einer bestimmten Gruppe erhoben, sondern der Sprachgebrauch der sozialen Elite insgesamt, die sich aus verschiedenen heterogenen Milieus (Politik, Verwaltung, Kirche etc.) zusammensetzt und in der auch die Frauen mit ihrer weit verbreiteten Salonkultur eine wichtige Rolle spielen."[207]

Auf diese Weise ist gewährleistet, dass die umstrukturierte Sprache von einer breiten Masse angewandt wird und zur politischen Stärkung beiträgt.

---

[205] Vgl. Grewe, Andrea: Die *französische Klassik. Literatur, Gesellschaft und Kultur des 17. Jahrhunderts*, Stuttgart, 1998, S. 38.
[206] Vgl. Stein, Achim: *Einführung in die französische Sprachwissenschaft*, Metzler- Verlag, Stuttgart- Weimar, 1998, S. 106/ 107.
[207] Grewe, Andrea: Die *französische Klassik. Literatur, Gesellschaft und Kultur des 17. Jahrhunderts*, Stuttgart, 1998, S. 39.

Die Sprache des Hofes wird als Norm festgesetzt und dahingehend verändert. Die eigentliche Grammatik des „bon usage" waren die von Vaugelas (Mitglied der „Académie francaise") verfassten „Remarques sur la langue francaise". Sein Grundprinzip war absolut identisch zu dem von Malherbe. Auch Vaugelas strebte eine Abwertung von Sprachvarietäten und Regionalsprachen an, sowie eine klar erkennbare Emanzipation des Französischen von der lateinischen Tradition.

Des Weiteren wurde er 1639 mit der Redaktion des Akademiewörterbuches beauftragt.

Raison

Die Sprachtheoretiker griffen also sprachkorrigierend ein. Dies vollzogen sie unter Berufung auf die „raison", um störende Elemente zu eliminieren oder gewisse Modeerscheinungen der gesprochenen Sprache auszumerzen.

Sprachanalyse und Spracheinordnung des Werkes „Le Tartuffe"

Da die Sprache und die Schrift Molières Ausdruck und Spiegel seiner selbst und seiner inneren Gedanken waren, ist es möglich, anhand der verwendeten Sprache und der einzelnen Ausdrücke, Rückschlüsse auf seine jeweilige Einstellung zu dem traitierten Thema zu ziehen.

Um jeden der Personen eine eigenständige Persönlichkeit zu geben, muss der Autor nicht nur auf die Auslegung der Handlungsstränge jeder Person bedacht sein, sondern kann anhand des Sprachniveaus und der Sprachverwendung des Individuums ihnen eine bestimmte Zugehörigkeit auferlegen.

Davon ausgehend, lässt sich schnell herauskristallisieren, welche einzelne Figur er, gelenkt durch die Sprache, wie auch primär die Handlung, positiv oder negativ konnotieren wollte.

Besonders deutlich zeigt sich diese Art der Zuschaustellung von Molières Absichten in „Les précieuses ridicules". In dem 1659 erschienen Werk schildert Molière auf satirisch- ironische Weise das gekünstelte Verhalten der beiden Provinzgänse Magdelon und Cathos, die die galante Lebensart der Preziösen kopieren.

Die beiden weiblichen Protagonisten dieser Komödie werden im Verlauf der Handlung ihrer Oberflächlichkeit und Affektiertheit durch zwei vorgegebene Edelleute überführt und entlarvt.

Die Übertreibungen und die diffuse Umschreibung mancher Gegenstände sind die Merkmale dieser gekünstelten Sprache. So bezeichnen sie den Sessel nicht als solchen,

sondern als „ commodités de la conversation" und den Spiegel als „ le conseiller des grâces", also als einen Ratgeber der Grazien. [208] Diese unnatürliche Zurschaustellung nicht vorhandener Beredsamkeit verdeutlicht den lächerlichen Charakter der beiden Preziösen.

> „Die ununterbrochene Hyperbolik, dazu die ungeliebten Adverbien auf –ment, Beteuerungen, Apostrophen und Ausrufe suggerieren ein Pathos, dessen sinnlose Feierlichkeit angesichts der kärglichen Aussage nahezu absurd anmutet"[209]

Die Komik liegt demnach in dem unnatürlichen Sprachgebrauch und der verkrampft eloquenten Ausdrucksweise.

---

[208] Molière, J. B. P.: *Les Précieuses ridicules*, Reclam-Verlag, Stuttgart, 1997, S. 26.
[209] Molière, J. B. P.: *Les Précieuses ridicules*, Reclam-Verlag, Stuttgart, 1997, Nachwort, S. 191.

Der gleichen Vorgehensweise machte sich Molière auch bei „Le Tartuffe" zu Eigen.

Der Protagonist wird durch seine übertriebene Frömmigkeit und seine überhöht moralischen Aussagen seiner Niederträchtigkeit überführt und lässt den Leser vom ersten Auftritt an skeptisch und kritisch beurteilen.

Im Folgenden werde ich mich auf den Protagonisten des Werkes konzentrieren und anhand der Sprachverwendung seiner vorgetäuschten Frömmigkeit entlarven, sowie die Art von Komik definieren, die Molière mit der Inszenierung der Hauptperson evozieren wollte.

Wie gerade erwähnt verstand es Molière, mit Hilfe der Sprache, der Verwendung einzelner Worte und des Sprachniveaus der Person ein ihm typisches Verhaltens- und Sprachmuster anzulegen.

Der späte Auftritt Tartuffes in III, 2 kann man als dramaturgisches Mittel Molières sehen. Es resultiert daraus ein facettenreiches indirektes Portrait Tartuffes, sowie ein ständig ansteigender Spannungsbogen. Der Zuschauer kann anhand der Meinungsbekundungen der Familienmitglieder abschätzen, wie die Grundhaltung der einzelnen Mitglieder gegenüber Tartuffe ist und wie man ihn sich vorzustellen hat.

Tartuffe, Repräsentant der falschen Frömmigkeit: Heuchelei, gewissenloser Egoismus, Missbrauch eines geistigen Amtes, ehebrecherische Intentionen- all diese Merkmale lassen die Verruchtheit seiner Person und seine Scheinheiligkeit zum Ausdruck kommen. Nur Orgon, das Familienoberhaupt, sowie seine Mutter Mme Pernelle lassen sich von Tartuffe täuschen und verhimmeln ihn und seine Lehren.

Mme Pernelle tritt als Dublette ihres Sohnes auf, dessen Religiosität wiederum nur ein naiver Abklatsch derjenigen Tartuffes ist.[210]

In seinem mangelnden Unterscheidungsvermögen macht er sich selbst die perfidesten kasuistischen Thesen Tartuffes zu Eigen. In der Szene I, 5 spricht Orgon von der Lehre Tartuffes, die der Seele einen tiefen Frieden beschere; angesichts dieser neuen Heilslehre erweise sich alles menschliche Treiben als nichtig; der Umgang mit Tartuffe befreie ihn von allen menschlichen Bindungen.[211] Die beiden letzten Verse der Passage

---

[210] Vgl. Grimm, Jürgen: *Molière*, Weimar, 2002, S. 103.
[211] Vgl. Ebda., S 103.

> „ Et je verais mourir frère, enfants, mère et femme,
> Que je m´en soucierais autant que de cela"[212]

verdeutlichen in welchem Maße Orgon den Irrlehren Tartuffes zum Opfer gefallen ist. Sie sollen dem Zuschauer dienen, die Tragweite seiner Verblendung offen zu legen.

„Das sprachliche Verhalten Molières in dieser Passage ist das gleiche wie in Szene III, 3 in der ersten Begegnung von Elmire und Tartuffe."[213]

Am Anfang dieser Szene erhält man einen differenzierten Einblick in Tartuffes Sprache, aber auch erste Anzeichen seiner Annäherungsversuche an Elmire.

> „Que le ciel à jamais pour sa toute bonté
> Et de l´âme et du corps vous donne la santé,
> Et bénisse vos jours autant que le désire
> Le plus humble de ceux que son amour inspire"[214]

"Hier wie dort bedient er sich einer religiös überhöhten Stilführung und macht zugleich die Scheinheiligkeit dieser Sprache sichtbar, die im Fall Tartuffes kunstvoll gesucht ist, im Fall Orgons dagegen auf Dummheit und Verblendung beruht.

Kein Zweifel, dass Mme Pernelle und Orgon lächerliche Protagonisten dieser so häufig das Tragische streifenden Komödie sind.

Molières provozierende Kühnheit besteht jedoch darin, mit der Entlarvung Tartuffes auch ihrer beider Frömmigkeit als unglaubwürdig hinzustellen."[215]

Es ist also klar, was Molière mit der Darstellung Tartuffes erreichen will. In dem Werk findet man etliche Beispiele, die die Überhöhung der Sprache von Tartuffe und damit sein vorgetäuschtes Spiel belegen.

Die Überhöhung der Sprache besteht darin, dass Tartuffe jede Argumentation und jede Aussprache mit seiner Moralauffassung begründet; und dass diese Aussagen unnatürlich und superlativisch klingen.

So gibt Tartuffe in III, 2 Aufschluss über seine angeblichen Taten und wie er diese sprachlich darstellt.

---

[212] Molière, J. B. P.: *Le Tartuffe ou L'Imposteur*, Reclam-Verlag, Stuttgart, 2002, S. 56.
[213] Grimm, Jürgen: *Molière*, Weimar, 2002, S. 103.
[214] Molière, J. B. P.: *Le Tartuffe ou L'Imposteur*, Reclam-Verlag, Stuttgart, 2002, S. 108.
[215] Grimm, Jürgen: *Molière*, Weimar, 2002, S. 103.

"Laurent, serrez ma haire avec ma discipline,
Et priez que toujours le Ciel vous illumine.
Si l'on vient pour me voir, je vais aux prisonniers
Des aumônes que j'ai partager les derniers"[216]

Der Leser erkennt sofort, dass alles an Tartuffe übertrieben ist. Gekennzeichnet wird dies mit dem Büßergewand und der Geißel zur Selbstkasteiung und der Aufforderung an den Diener Laurent, dass dieser für seine Erleuchtung beten solle. Jedoch drängt sich gleich die Frage auf, wofür eigentlich Laurent beten soll.

Getragen wird diese Aufforderung mit der Herausstreichung seiner milden Werke.[217]

In der Folgeszene (III, 3) erfährt der Leser Tartuffes Neigungen. Mit schwülstigen und hochtrabenden Worten versucht er die Dame des Hauses und Frau des Orgon (Elmire) zu verführen und gesteht ihr seine Zuneigung. Er umschreibt seine affektiven Gefühle und spricht sie nicht klar aus. Mit diesem „vagen" Sprachgebrauch lässt sich Tartuffe immer ein Hintertürchen offen und kann in Bedrängnis auf die zweideutigen Anspielungen verweisen. Er bleibt dank seines Sprachgebrauchs nicht zu fassen und lässt dem Gegenüber oftmals im Unklaren. Wollte man die Sprachverwendung in dieser Szene prägnant, kurz und bündig umschreiben, so lässt sich schnell diese Beschreibung finden. Offensiv aber nicht direkt.

In dem nun folgenden Zitat kommt die gerade erhobene These noch deutlicher zum Ausdruck.

Für den Leser bleibt es nur schwer einsichtig, ob Tartuffe nun klare Avancen gegenüber Elmire macht oder ob seine Aussagen lediglich Lobpreisungen ihrer Person sind. Da aber die Gesamtdarstellung Tartuffes in den vorangehenden Szenen klar abgesteckt worden ist und das Gehabe und die Redensweise des Tartuffe so heuchlerisch wirkt, kann man in diesem Fall nur von ehebrecherischen Intentionen ausgehen.

---

[216] Molière, J. B. P.: *Le Tartuffe ou L'Imposteur*, Reclam-Verlag, Stuttgart, 2002, S. 106..
[217] Molière, J. B. P.: *Le Tartuffe ou L'Imposteur*, Reclam-Verlag, Stuttgart, 2002, Anmerkungen, S. 258.

So heißt es:

> „L'amour qui nous attache aux beautés éternelles,
> N'étouffe pas en nous l'amour des temporelles;
> Nos sens facilement peuvent être charmés
> Des ouvrages parfaits que de Ciel a formés.
> Ses attraits réfléchis brillent dans vos pareilles;
> Mais il étale en vous ses plus rares merveilles:
> Il a sur votre facé épanché des beautés
> Dont les yeux sont surpris, et les coeurs transportés,
> Et je n'ai pu vous voir, parfaite créature,
> Sans admirer en vous l'auteur de la nature,
> et d'une ardente amour sentir mon coeur atteint
> Au plus beau des portraits où lui- même il s'est peint.
> [...] Mais j'attends en mes voeux tout de votré bonté,
> Et rien des vains efforts de mon infirmité;
> En vous est mon éspoir, mon bien, ma quiétude,
> De vous dépend ma peine ou ma béatitude,
> Et je vais être enfin, par votre seul arrêt,
> Heureux, si vous voulez, malheureux, s'il vous plaît."[218]

Durch die häufig angewendeten Periphrasen, den umständlich strukturierten Umschreibungen, dem Syntax und dem unnatürlich wirkenden Sprachgebrauch, ist das Gefühl der „fausse dévotion", welches der Leser vermittelt bekommt, unauslöschlich.

Bei dem Verfassen dieser Zeilen suchte Molière theologischen Beistand, um die unsittlichen Zeilen als theologische Sprache darzustellen.

Um der Aufdeckung seiner Intention und seiner falschen Absichten entgegen zu wirken, benutzt Tartuffe recht kurze Sätze, die gespickt sind mit Plattitüden.

Auffällig bei Tartuffes Sprachgebrauch ist ebenfalls der häufige Gebrauch von Nomina, um die Sätze gewollt zu verkürzen.

---

[218] Molière, J. B. P.: *Le Tartuffe ou L'Imposteur*, Reclam-Verlag, Stuttgart, 2002, S. 114.

Wenn Tartuffe in Argumentationsnot gerät, verfolgt er die Strategie, dass er sich an einer ihm schlüssigen Argumentationskette klammert und diesen Aspekt bis aufs Äußerste ausreizt.

Als Tartuffes hinterhältiges Treiben von Damis, dem Sohn des Orgon aufgedeckt wird und Orgon ihn daraufhin anspricht, gibt er scheinheilig alles zu und erniedrigt sich selber.

Tartuffe gibt zu ein Sünder zu sein, der vom Himmel und von Orgon bestraft werden müsse. Orgon, gerührt und geblendet von den Worten Tartuffes glaubt den Ausführungen seines Sohnes nicht.

„Oui, mon frère, je suis un méchant, un coupable,

Un malheureux pécheur, tout plein d´inquité,

Le plus grand scélérat qui jamais ait été;

Chaque instant de ma vie est chargé de souillures;

Elle n´est qu´un amas de crimes et d´ordures;

Et je vois que le Ciel, pour ma punition,

Me veut mortifier en cette occasion…"[219]

Seine Gegenspieler hätten mit diesem schlauen Schachzug nie gerechnet. Tartuffe nimmt also alle Schuld auf sich. Dies weckt den Beschützerinstinkt des Orgon, woraus resultiert, dass er den Worten seines Sohnes nicht glaubt, ihn sogar aus dem Hause wirft und ihn enterbt.

An dieser Stelle wird die Benutzung der vielen Nomina und der abgehackten Sprechweise des Tartuffe deutlich. In einem Staccato ähnlichen Sprechstil, zählt er seine Missetaten auf und beleidigt sich selber mit Schimpfwörtern.

Entgegen der Sprachauffassung im 17. Jahrhundert, die sehr stark von dem Hofdichter Heinrichs des IV. geprägt war, kann man Molières Sprachstil einordnen.

Wie bereits in Punkt 4.2 dargestellt, strebten die Kreise um Francois de Malherbe einen Sprachpurismus an, der eine Ausrottung von Fachtermini, Fremdwörtern und Neologismen aus der französischen Sprache vorsah.

Wie man nun anhand der Werke von Molière belegen kann, hielt sich der Schriftsteller nicht an die gängige Norm. In „Le Tartuffe et L´Imposteur" bediente

---

[219] Molière, J. B. P.: *Le Tartuffe ou L´Imposteur*, Reclam-Verlag, Stuttgart, 2002, S. 124.

er sich der theologischen Fachsprache, um seinen Protagonisten angemessen in Szene zu setzen

In seiner 1668 erschienenen Komödie „L'Avare" zeigt Molière seine fundierten Kenntnisse in der Rechtssprache. Sein Wissen entstammt gewiss seines drei jährigen Jurastudiums in Orléans.

In „L'Avare" macht der Leser sogleich einen gewissen investigativen, interrogativen Sprachstil aus. Die Handlung dreht sich vornehmlich um den Diebstahl der Geldkassette des Harpagon, der daraufhin jeden in seinem Umfeld verdächtigt, sie entwendet zu haben. Bei der Befragung der „Verdächtigen" kommt dieser Stil unverkennbar zu tragen. Wie die Juristen, formuliert Molière die Aussagen des Harpagon wie eine Anklageschrift und unterstreicht somit den befragenden Sprechstil des Harpagon.

In dem 1672 erschienenen Werk „Le malade imaginaire" offenbart Molière seine genauen Kenntnisse in der Medizin. An etlichen Stellen beweist er die Beherrschung der Fachtermini und kann detailliert Aufschluss über sämtliche Krankheiten und deren Krankheitsverlauf geben.

Ausgehend von diesen Beispielen kann man feststellen, dass Molière sich den Forderungen Malherbes nach Ausmerzung von Fachvokabeln und Periphrasen nicht untergeordnet hat.

Es stellt sich nun die Frage, ob die Sprachreformen des Hofdichters noch nicht richtig griffen und nicht streng verfolgt wurden, oder Molière durch die Protektion des Königs Louis XIV. und seiner Günstlinge vor den Spracheingriffen geschützt wurde, um so die volle Tragweite seiner Komik auszuschöpfen.

Die Beantwortung dieser Frage muss wohl auf zweierlei Weise geschehen. Fakt ist, dass die Sprachpuristen bemüht waren, ihre Reformen durchzusetzen, nur fehlte es zur damaligen Zeit an den entsprechenden Kommunikationswegen, an der Logistik und der Infrastruktur, um die Neuordnungen effizient und schnell durchzubringen.

Ein weiterer Aspekt, der der Protektion des Königs, spielte sicherlich einen erheblichen Faktor bei der Niederschrift seiner Werke. Nur mit einer starken Rückendeckung war es Molière möglich, sich gegen seine Widersacher zu Wehr zu setzen und seine Auffassungen von Komik und Sprache zu realisieren.

„Le Tartuffe ou L'Imposteur" gehört zu den Höhepunkten der Politisierung von Theaterstücken. Nur mit dem Wissen des mächtigen Einflusses im Hintergrund, konnte Molière gesellschaftskritische und normabweichende Stücke verfassen, ohne dafür belangt zu werden.

Fazit / Schlussbemerkung

„Le Tartuffe ou L'Imposteur" ist sicherlich eines der hart umkämpftesten und vielschichtigsten Stücke des 17. Jahrhunderts und ein Meilenstein an gesellschaftskritischer und satirischer Komik zur damaligen Zeit.

Es ist dem langen Atem und dem ungeheuren Kampfesgeiste Molières, sowie der Protektion des Königs zu verdanken, dass dieses faszinierende und polarisierende Stück französischer Dichtkunst entstehen konnte.

Durch die Skizzierung seines Lebens und die Darstellung der „Querelles de Tartuffe" wurde in dieser Arbeit versucht, Rückschlüsse auf die mögliche Auswirkung seiner später folgenden Werke zu ziehen. Fest steht, dass die Kämpfe um den „Tartuffe" nicht nur seine Persönlichkeit, sondern auch sein Wirken und sein Sprachstil verändert haben. Um also eine angemessene Analyse des „Tartuffe" vornehmen zu wollen ist diese Herangehensweise unabdingbar in der Einordnung des „Tartuffe".

Im Folgenden wurde anhand der Einordnung der Sprachentwicklung im 17. Jahrhundert verglichen, inwieweit die Normierungs- und Reformprozesse des Hofdichters Francois de Malherbe und seinen Forderungen, Einfluss auf die Ausarbeitung von Molières Werken hatte.

Der Hauptteil der Arbeit beschäftigte sich mit der Sprachanalyse auf der textimmanenten Ebene des Werkes.

Anhand von Zitaten und Textbeispielen im „Tartuffe" war es möglich ein Muster und bestimmte Auffälligkeiten in der Sprachverwendung aufzufinden.

Der Vergleich mit anderen Werken Molières ist nicht unerheblich, wenn man Parallelen in der Sprachverwendung finden will. Durch die Gegenüberstellung von Molières Werken ließ sich feststellen, dass er je nach Thematik des Stückes, Fachtermini und Sprachstile (Sprachniveau) mit einfließen ließ, um somit eine gewisse Authentizität zu schaffen.

Die Protagonisten sollten, und das war Molières Anliegen, so typisch wie möglich dargestellt werden. Bei der Gesamtpräsentation einer Person darf man daher sein Sprachstil und seine Sprachherkunft nicht außer Acht lassen, wenn man als Autor eine komplexe Persönlichkeit inszenieren und als Rezipient diese dann einordnen will.

Um dies zu gewährleisten gab es für Molière keine andere Wahl, als Tartuffe mit einer schwülstigen theologischen Sprache auszustatten, da sonst die Inszenierung nicht ausreichend gewesen wäre.

Da „Le Tartuffe ou L´Imposteur" ein vielschichtiges Werk ist, wurde darauf Wert gelegt, die Arbeit aus möglichst vielen Blickwinkeln zu betrachten, um so eine qualifizierte Meinung zu bilden. Wichtig bei der Einordnung des Stückes war meiner Meinung nach, nicht nur die Analyse der Sprache, sondern auch die der „Querelle de Tartuffe" und des Verhältnisses zu dem König.

So wurde herausgestellt, dass Molière sich gegen seine Widersacher und gegen die Einflüsse der Sprachpuristen durchzusetzen wusste und stets die Rückendeckung des ersten Mannes im Staat auf seiner Seite wusste. Unter diesen glücklichen Umständen, war Molière in der Lage seine Auffassung der Sprachverwendung (Verwendung von Fachtermini, Periphrasen etc.) durchzusetzen und zu verteidigen.

Bibliographie

Baader, Renate (Hrsg.): *Molière. Wege der Forschung*, Wissenschaftliche Buchgesellschaft Darmstadt, 1980.

Copeau, Jacques: *Molière*, Gallimard, 1976.

D'Alméras, Henri: *Le Tartuffe de Molière*, Édition Malfère, 1928.

Dûchene, Roger: *Molière*, Librairie Arthème Fayard, 1998.

Ferreyrolles, Gérard: *Molière. Tartuffe*, Études littéraires, Presses universitaires de France,1987.

Gaillard, Pol: *Tartuffe. Molière*, Hatier, Paris, 1978.

Grewe, Andrea: Die *französische Klassik. Literatur, Gesellschaft und Kultur des 17. Jahrhunderts*, Stuttgart, 1998.

Grimm, Jürgen: *Molière*, Weimar, 2002.

Guicharnaud, Jacques: *Molière. Une aventure théâtrale*, Gallimard, 1963.

Hähnel, Oskar: *Die Tendenz von Molières Tartuffe in der französischen Kritik*. Mannheim, 1911.

Heiss, Hans: *Molière*, Wissenschaftliche Buchgesellschaft, Darmstadt, 1967.

Jasinski, R.: *À travers le XVII siècle*, Bde., Paris, 1981.

Jouvet, Louis: *Molière et la Comédie classique*, Gallimard, 1965.

Küchler, Walther: *Molière*, Verlag von B. G. Teubner, Leipzig und Berlin, 1929.

Molière, J. B. P.: *Le Tartuffe ou L'Imposteur*, Reclam-Verlag, Stuttgart, 2002.

Molière: *Oeuvres complètes. Textes établis, présentés et annotés par Georges Couton*, Bd. 1., Paris: Gallimard, 1971.

Stein, Achim: *Einführung in die französische Sprachwissenschaft*, Metzler-Verlag, Stuttgart- Weimar, 1998.

Einzelbände

Thomas Heim: La Cour et la Ville. Zur Publikumsstruktur bei Molières Komödienaufführungen
ISBN: 978-3-638-45268-7

Hannah-Kristin Elenschneider: Die komische Konfliktsituation in: Molière « Le Misanthrope ou l'Atrabilaire amoureux » (1666)
ISBN: 978-3-640-70777-5

Frank Lorenz: Molière, Le Misanthrope. Die Frauenfiguren
ISBN: 978-3-638-23458-0

Selin Sahin: „Dom Juan ou Le festin du pierre" von Molière
ISBN: 978-3-656-57977-9

Maria Lang: Die "Aulularia" des Plautus als Vorlage von Molières "Avare"
ISBN: 978-3-656-38147-1

Anonym: Leben, Werk und Spracheinordnung der Komödie „Le Tartuffe ou L'Imposteur" von Molière
ISBN: 978-3-640-50022-2